# Grandir

## Aimer, perdre et grandir

*L'art de transformer
une perte en gain*

Jean
Monbourquette

NOVALIS

Catalogage avant publication de Bibliothèque et Archives nationales du Québec et Bibliothèque et Archives Canada

Monbourquette, Jean
  Grandir : aimer, perdre et grandir
  Publ. antérieurement sous le titre : Aimer, perdre et grandir.
  [Saint-Jean-sur-Richelieu, Québec] : Éditions du Richelieu, 1983.
  ISBN : 978-2-89507-940-8

1. Souffrance - Aspect psychologique. 2. Séparation (Psychologie).
3. Perte (Psychologie). 4. Amour. 5. Deuil - Aspect psychologique.
I. Titre. II. Titre: Aimer, perdre et grandir.

BF789.S8M65 2007   155.9'3    C2007-941562-8

Dépôt légal – Bibliothèque et Archives nationales du Québec, 2007
Bibliothèque et Archives Canada, 2007

Réimpression 2014

Couverture : Mardigrafe inc.
Éditique : Julie-Anne Lemire
Illustrations : Monique Caron

© Les Éditions Novalis inc. 2007

Nous reconnaissons l'aide financière du gouvernement du Canada
par l'entremise du Fonds du livre du Canada (FLC) pour des activités
de développement de notre entreprise.

4475, rue Frontenac, Montréal (Québec)  H2H 2S2
C.P. 11050, succursale Centre-ville
Montréal (Québec)  H3C 4Y6
Téléphone : 514 278-3025 ou 1 800 668-2547
sac@novalis.ca • novalis.ca

Imprimé au Canada

# *Grandir*

## *Aimer, perdre et grandir*

### *L'art de transformer une perte en gain*

## Du même auteur

*À chacun sa mission,* édition de poche, Novalis, 2011
*Apprivoiser son ombre*, édition de poche, Novalis, 2011
*Comment pardonner?*, édition de poche, Novalis, 2009
*Comment pardonner*, édition gros caractères,
Novalis, 2009
*De l'estime de soi à l'estime du Soi,* compact, Novalis, 2013
*Demander pardon sans s'humilier,* Novalis, 2004
*Excusez-moi je suis en deuil,* Novalis, 2011
*Grandir : Aimer, perdre et grandir, édition de poche,*
Novalis, 2007
*Grandir : Aimer, perdre et grandir, édition gros caractères,*
Novalis, 2010
*La mort, ça s'attrape?,* Novalis, 2008
*Le guérisseur blessé,* édition de poche, Novalis, 2013
*Le temps précieux de la fin,* nouvelle édition,
Novalis, 2011
*Pour des enfants autonomes : Guide pratique à l'usage des parents,* Novalis, 2004

## Coauteur des livres suivants :
*Stratégies pour développer l'estime de soi et l'estime du Soi,*
compact, Novalis, 2013

*À mes maîtres,*

Les pages que j'offre à votre méditation trouvent leur source d'inspiration dans mon expérience personnelle et mes lectures, mais aussi dans des récits d'amis et de clients aux prises avec des pertes tragiques. Je les remercie de leur confiance, notamment d'avoir bien voulu me laisser approcher de leur cœur blessé. Je suis devenu le témoin privilégié de leurs secrets, de leur courage, de leur envie de guérir et de grandir. J'ai beaucoup appris d'eux sur le mystère de la souffrance humaine et de la vie toujours prête à renaître.

Comment faut-il lire ce livre? Je dirais avec la logique du cœur, comme il fut rédigé. Dès lors, on ne sera pas surpris d'y rencontrer des passages quelque peu touffus et même répétitifs, signes évidents de l'émergence spontanée des mouvements du cœur. Certains le liront d'un trait, d'autres le méditeront, tandis que plusieurs retourneront aux passages qui les rejoignent davantage.

C'est pour vous accompagner dans votre cheminement intérieur que ce livre a été écrit. Il se peut que la lecture de certaines pages vous bouscule ou fasse jaillir en vous encore plus de tristesse. À vous alors de juger s'il est préférable de remettre à plus tard la lecture de certains passages trop pénibles à lire pour l'instant. Je pense par exemple à des personnes dont la blessure est encore fraîche et pour qui l'idée même de pardonner serait pour le moins intolérable.

La réalisation du présent ouvrage fut possible grâce aux talents de plusieurs collaborateurs. Je pense à Monique Caron pour la magie de ses dessins pleins de tendresse; à Jacques Croteau, o.m.i., pour la justesse de ses corrections; et enfin, à tous ceux et celles qui ont collaboré de mille et une manières.

*Jean Monbourquette*

# Sommaire

Introduction

## Les pages de mon livre

Les pages que nous écrivions ensemble,
j'ai continué à les composer,
seul,
en ton absence,
sur les silences,
au rythme des souffrances.
Je les ai terminées,
dans l'espoir de la guérison,
avec le goût du pardon,
sur une lueur de réconciliation.

**À toi, mon ami, mon amie,**

Je m'adresse à toi qui souffres d'un grand chagrin à cause d'une perte dans ta vie. Mon souhait est que la lecture de ces pages t'apporte un réconfort immédiat; je veux t'accompagner dans ta solitude, dans ta tristesse qui, parfois, peut frôler la détresse intérieure.

Je voudrais soutenir ton espoir de guérir et de grandir à l'aide de témoignages de personnes qui ont réussi leur deuil. De plus, je t'offre des suggestions et des conseils, faisant fi de la maxime qui veut que le « bon » conseiller ne doit pas donner de conseils. Puisse la chaleur de ma présence te faire oublier que je suis en train de te conseiller.

Comme l'organisme blessé mobilise toutes ses forces de guérison, ainsi en est-il du psychisme meurtri par un deuil. Il possède tout en lui pour te guérir et te faire grandir. Laisse travailler en toi ton Guérisseur intérieur qui mettra tout en œuvre pour venir à ton secours. Fais confiance à sa sagesse : ta douleur s'en ira; la vie t'apparaîtra encore plus précieuse; un bonheur profond insoupçonné chassera la détresse. Tu deviendras à la fois plus toi-même et plus humain envers les autres.

Pour accélérer ta guérison, je t'invite à ne pas nier ton mal, mais à le reconnaître sans fausse honte. Ainsi, tu faciliteras ta guérison. Avec celle-ci, tu découvriras en toi une nouvelle maturité et une plus grande possibilité d'aimer.

*Jean Monbourquette*

# 1<sup>re</sup> partie

## Je ne veux pas perdre mon amour

## Perdre

*Je retenais*
*Poings fermés*
*Mon amour.*
*Comme une poussière d'or,*
*D'entre mes doigts,*
*Il s'est échappé.*

## Transformer les pertes en gains

Comme tout être vivant, tu ne peux pas échapper à la souffrance causée par les pertes de la vie : pertes prévisibles, pertes inattendues; pertes que tu t'imposes pour évoluer, pertes imposées contre ta volonté. Par contre, chacune de tes pertes peut se transformer en gain grâce à ton attitude intérieure. Chacune est susceptible d'engendrer une vie nouvelle. La raison d'être de la mort, c'est de faire de la place à la vie.

> *Le bouton éclate pour donner la fleur.*
> *La fleur s'étiole pour donner la semence.*
> *La semence en terre pourrit*
> *pour la germination.*
> *Perpétuel mouvement de mort et de vie,*
> *d'obscurité et de lumière.*

Avec toi, je voudrais faire un inventaire des pertes possibles dans la vie d'une personne.

Au cours de cette démarche, ne perds jamais de vue que chacune de ces pertes peut devenir source de croissance.

**Qu'est-ce que tu as perdu?**
**Les mini-pertes et les ennuis quotidiens**

Un achat manqué
La découverte d'une carie dentaire
Des insectes qui dévorent ta plante préférée
Le chat qui n'est pas encore rentré le soir
Un rendez-vous raté
La séparation temporaire d'un être cher
L'accumulation des ennuis dans une journée
etc.

**Les pertes toujours surprenantes**

Un vol
La perte de sa réputation
Un projet avorté
Un congédiement inattendu
La découverte d'une grave maladie
La perte de la bouteille pour un alcoolique
La fin d'une œuvre qui demande de la laisser partir
Un déménagement imprévu
La perte d'une somme d'argent
Quitter un emploi pour avoir une promotion
etc.

**Les pertes inévitables au cours des âges de la vie**

Les illusions de l'enfance
Les rêves de l'adolescence
L'amour « fou »
Les moments de grandes passions
La séparation du foyer pour l'école
La perte d'amis d'enfance
La disparition progressive de la jeunesse
La perte des dents, des cheveux, de la vue
La perte de l'énergie sexuelle
      (même si les fantasmes persistent)
La ménopause (et l'andropause)
Le départ du dernier enfant
La conscience soudaine de rêves non réalisés
La vieillesse et ses misères
etc.

**Les grandes pertes d'ordre affectif**

La fin d'une relation intime
La brisure d'une longue amitié
Un divorce imprévu
Le décès d'un être cher
etc.

## Perdre dans la mort et perdre dans la vie

La perte d'un être aimé que la mort vient d'emporter ne se vit pas comme la perte d'un être vivant vécue par divorce ou séparation. Certes, les deux comportent une brisure douloureuse, mais de nature différente.

La mort crée une situation irréversible; c'est bien fini, la personne ne sera jamais plus là physiquement. Par contre, se séparer d'un être qui vit encore n'a pas ce caractère définitif. Il arrive que l'on puisse ou même que l'on doive revoir la personne quittée, ce qui a pour effet de rouvrir la plaie qui commençait à se cicatriser.

Dans le cas d'un décès, la personne endeuillée doit subir pour un certain temps la présence des personnes, des lieux et des objets qui rappellent l'absence cruelle. Par contre, dans la situation d'un divorce, les conjoints doivent se rencontrer pour séparer les biens en commun, pour parler du bien-être et de l'éducation des enfants, pour déterminer les questions de pension alimentaire, pour développer de nouveaux liens entre les amis communs et les beaux-parents, etc. Un homme divorcé qui ne voyait plus la fin des transactions avec son ex-épouse disait avoir l'impression de « couper les liens de son mariage avec un petit couteau ébréché et rouillé ». Souvent aussi, la peine et la colère découlant du divorce font que les ex-conjoints s'engouffrent dans une spirale d'incompréhensions et de malentendus. Ils ne savent pas comment « laisser aller », sans compter les situations où ils perpétuent un lien pénible qui consiste à trouver le coupable de l'échec du mariage.

Une dernière différence. Alors qu'à la mort d'un conjoint on a tendance à idéaliser les qualités du défunt ainsi que les beaux moments vécus ensemble, après une séparation, la tendance va plutôt dans le sens contraire : on est porté à surfaire les défauts de l'« ex » et à se remémorer les moments pénibles de la vie commune.

**Quitter ou être quitté?**

L'expérience de quitter quelqu'un est tout autre que l'expérience d'être quitté.

Si tu es l'initiateur de la séparation, peut-être te sentiras-tu coupable de ton geste. Par contre, tu te trouveras dans une position avantageuse : tu auras eu le temps de mijoter ta décision et tu auras l'initiative de décider de la séparation, tandis que l'autre se trouvera dans une position d'impuissance.

La question qui se pose est la suivante : comment quitter quelqu'un avec élégance?

Voici une procédure qui pourrait être utile :

1– Dans le cas d'une vie commune intenable (alcoolisme, infidélités, gestes violents, etc.), afin d'éviter le choc d'un départ subit et punitif, avertir longtemps à l'avance de son intention de partir s'il n'y a pas de changements.

2– Conserver toute sa clarté de jugement en évitant d'entrer dans une nouvelle relation pendant la période de décision.

3– Si après quelque temps, avec un conseiller, on juge la situation toujours aussi intenable et sans amélioration, annoncer officiellement son départ en donnant ses raisons.

4– Ne pas accabler son partenaire avant de partir. (Point n'est besoin d'accuser son chien de rage pour s'en débarrasser.)

5– Suggérer à son partenaire des ressources pouvant l'aider à absorber l'impact de la séparation.

## Et la personne quittée, elle?

La personne quittée, surtout si elle n'a pu prévoir ou prévenir la séparation, demeure habituellement la plus touchée; son estime de soi en attrape un dur coup. Aussi est-il très important pour elle de s'impliquer activement dans l'acte de la séparation quand tout semble être bien fini. Est-ce ton cas?

Au départ, tu ne croiras peut-être pas que c'est la fin, mais quand la dure réalité s'imposera, tu devras prendre une part active dans la séparation :

Décider aussi de quitter
Arrêter de t'accrocher
Faire les démarches appropriées
Cesser de jouer au « martyr »,
     si tu deviens conscient du jeu
Accepter de te séparer,
     même si tu ne l'as pas voulu.

Tu auras sans doute très mal. Au lieu de subir la situation et d'en être la victime, tu pourras devenir l'acteur principal de ton drame; ainsi, tu commenceras plus tôt ton deuil, tu guériras plus rapidement.

Comparer ta souffrance à celle de l'initiateur de la séparation ne semble pas très aidant. Comment mesurer une souffrance subjective? Avant de te quitter, il se peut que ton conjoint se soit déjà senti délaissé à plusieurs reprises. Alors, on peut se demander qui a quitté l'autre.

## Cesse de tourmenter ton cœur

Ta perte fera surgir en toi de nombreuses questions.

*Pourquoi moi?*
*Pourquoi à ce moment de ma vie?*
*Qu'est-ce que j'ai fait pour que ça m'arrive?*
*Pourquoi Dieu m'envoie-t-il cette épreuve?*
*etc.*


« Sois patient envers ce qui n'a pas encore de réponse
    dans ton cœur », dit le poète.
Cesse de harceler ton cœur ou ton esprit.
Ils ne peuvent pas ou ne veulent pas te répondre.
Car ils savent que certaines réponses
    te seraient inutiles
    et d'autres, insupportables.
Pour l'instant, accueille les questions
    sans t'acharner à y répondre.
Laisse-toi les vivre.
Puis, un jour, tu te surprendras en train
    de vivre les réponses à tes questions.

## Je flotte dans le vague

*J'attends, j'attends!*
*J'attends un dénouement*
*que je désire et crains.*
*Cent fois dans ma tête*
*j'ai calculé mes chances de te retenir.*
*Cent fois, j'ai cru te perdre.*
*Je vacille, ballotté par mes sentiments.*

*Je me sens trop vulnérable,*
*beaucoup trop à ta merci.*
*Et j'en suis fâché.*
*Je m'épuise à penser et à repenser.*
*Où est mon guide intérieur?*

*Divorce / Séparation*

**Attendre**

Les périodes de longue attente équivalent elles-mêmes à des pertes, car alors la vie s'arrête, les projets sont mis en veilleuse et l'anxiété s'installe à demeure. On perd une énergie folle en suppositions et en calculs de toutes sortes, sans parler des peurs catastrophiques qui hantent son esprit et tuent la joie de vivre.

*La tumeur est-elle maligne?*
*Vais-je retrouver la santé?*
*Mon amie reviendra-t-elle*
*après notre dispute?*
*Quand l'infidélité de mon mari*
*prendra-t-elle fin?*
*Veut-elle le divorce? Veut-il me quitter?*
*Vais-je réussir mon examen?*
*Aurai-je ma promotion?*
*Mes finances sont-elles en sécurité?*

Ne pas savoir peut devenir une torture insupportable; à cet état inconfortable, certains préfèrent un dénouement malheureux mais certain.

Comment, dans l'attente, acquérir la maîtrise de soi et le contrôle de la situation?

## Jusques à quand vas-tu attendre?

Dans le cas où la fin d'un amour est évidente, tu peux commencer immédiatement à dire adieu et à entrer dans ton deuil.

Par ailleurs, dans l'hypothèse où tout demeure en suspens parce que la décision ne dépend pas de toi (exemples : tu attends qu'il te demande en mariage; tu t'interroges si elle va revenir ou demander le divorce), il devient impérieux que tu sortes de la passivité et que tu prennes en main la situation. Comment? Fixe-toi une échéance précise (deux semaines, trois mois, une année...) où tu te permets d'espérer encore un dénouement positif à l'attente. Rends la date officielle auprès de la personne concernée et auprès d'amis intimes.

Durant ce temps-là, continue à vivre pour toi et à bien vivre. Te laisser vivre d'une manière passive et anxieuse durant ce temps ne peut qu'engendrer des états dépressifs. Occupe-toi, distrais-toi, prépare-toi à toute éventualité : consulte, prends des avis légaux, connais tes droits, informe-toi.

Une fois arrivée la date d'échéance, si rien n'a encore bougé, c'est le moment d'agir et d'annoncer ta propre décision. Malgré la tristesse et l'agitation émotionnelle dues à la perte, tu gardes tout de même la maîtrise de ta vie.

Plus tôt débutera ton deuil, plus vite arrivera la guérison.

## La présence pénible

*Quand j'étais seul avec moi-même,*
*je me plaisais bien en ma compagnie.*
*Quand j'ai su que tu m'aimais,*
*je me sentis beaucoup mieux.*
*Quand, près de moi,*
*tu as commencé à être absente,*
*j'en fus tout bouleversé.*
*Je ne peux plus tolérer une demi-présence*
*qui me rappelle trop ce que je perds.*

*Divorce / Séparation*

## Les ambivalences de ma situation d'endeuillé

*Je veux être délivré de mon angoisse et de ma peine, mais j'ai peur d'accepter de les vivre à fond.*

*Je voudrais pouvoir penser aux autres, mais je suis renvoyé à moi-même.*

*Je n'oublierai jamais l'être aimé, pourtant je dois me résigner à ne pas toujours penser à lui.*

*Je veux conserver toute mon autonomie, mais en ce moment, je dois accepter d'être dépendant et de me laisser aider.*

*Je voudrais vivre le moment présent, mais la perte m'attire sans cesse vers le passé.*

*J'ai besoin des autres dans ma tristesse, mais je crains d'être envahi par leur pitié.*

*J'ai l'espoir de guérir et de grandir, mais actuellement la « petite mort » de mon deuil me fait frémir.*

*Je veux bien croire qu'un jour mon bien-aimé m'habitera d'une façon mystérieuse, mais présentement j'ai peur de le laisser partir.*

## L'amour n'est pas toujours aveugle

Un jour, je fus frappé par ces lignes d'une affiche :

*« Si tu l'aimes, laisse-lui sa liberté.*
*S'il te revient, c'est qu'il ne t'a jamais oublié.*
*S'il ne te revient pas, oublie-le. »*

Après réflexion, je ré-écrirais ces lignes avec plus de discernement :

*Si tu l'aimes, ne le laisse pas partir*
*sans lui dire ta tristesse,*
*sans lui faire voir les conséquences de son départ.*

*S'il te revient, donne-lui une période de probation.*
*Assure-toi que,*
*durant son absence, il a évolué.*

*S'il ne revient pas, ne l'attends pas indéfiniment.*
*Fais le deuil de tes rêves.*
*Reconnais ce que tu as appris dans cette relation.*
*Profite de cette expérience pour grandir.*
*La Vie te réserve encore des surprises épanouissantes.*

## Te laisser partir

Au milieu de mon désarroi,
parfois, il me vient un grand élan de liberté.
Simplement, te laisser partir.
Arrêter d'attendre la lettre qui n'arrive pas,
    le téléphone qui ne sonne pas...
    le mot de repentir qui ne vient pas.
Arrêter les longues ruminations intérieures
et les conversations intimes qui n'auront pas lieu.

Combien d'avantages aurais-je à te laisser partir!
Plus de temps pour moi, pour les amis délaissés,
moins d'insomnie, moins de veilles.
Plus de projets,
plus de joie de vivre.
Comme c'est simple, te laisser partir de ma vie.
Pourtant, à la seule pensée de te perdre,
j'en ai le souffle coupé!

## Cent fois, j'ai voulu stopper mon imagination

*Je m'épuise à vouloir contrôler la « folle du logis ».*
*Plusieurs fois par jour, je la surprends à rêver*
*que mon amour va revenir,*
*qu'il a besoin de moi,*
*qu'il s'ennuie de moi,*
*qu'il est malheureux avec « l'autre »,*
*qu'il va venir me demander pardon de son départ,*
*que je vais le recevoir comme « l'enfant prodigue ».*

*Puis le rêve s'évanouit,*
*et c'est la dure réalité de l'absence.*
*J'ai donc décidé de ne plus me battre*
*avec mon imagination.*
*Je vais lui laisser des périodes de récréation.*
*Elle pourra alors fabuler à sa guise.*
*Puis, quand la tristesse remplacera le rêve,*
*je l'accueillerai avec délicatesse.*

## Rituel pour terminer l'attente
## des personnes disparues

Comment faire le deuil des êtres dont on ne sait pas s'ils sont morts ou vivants? C'est la question que se posent les parents et les amis dans le cas où une personne chère est portée disparue. Cette question, j'ai dû y répondre à plusieurs reprises lors de mon atelier sur le deuil au Chili. L'expérience d'une mère qui avait fait un rituel à la suite d'une longue attente après la disparition de sa fille, m'aida à apporter des éléments de solution à ce problème. Voici son histoire.

Un jour, elle reçut un coup de fil de sa fille qui s'invitait à souper le soir même. Depuis, elle n'a jamais revu sa fille. Elle a alerté les autorités policières. Leurs recherches furent vaines. Après une année d'investigation, un détective émit l'hypothèse que sa fille aurait été enlevée, puis jetée tout probablement dans le fleuve Saint-Laurent.

Après trois années d'attente, d'angoisse et de faux espoirs, cette femme décida de terminer son tourment au moyen d'un rituel. Elle choisit la plus belle des poupées de sa fille, l'entoura d'une gerbe de roses; puis elle nolisa un bateau de pêche. Rendue en haute mer sur le fleuve, elle confia aux flots la poupée et les fleurs. Le jour même, elle envoya aux parents et amis une carte où elle annonçait la mort de sa fille et le début de son deuil.

Elle m'a raconté son histoire pour que j'en fasse profiter d'autres personnes aux prises avec la même situation de doute et de tourments.

**Les pertes imminentes et les deuils anticipés**

Tu sais que l'ami doit partir, que la maladie est incurable, que la séparation est proche...

Tu peux grandement contribuer à la résolution de ton deuil en faisant tes adieux dès maintenant.

Exprime tes sentiments avant le départ de la personne.

Si c'est toi qui pars, prends le temps d'échanger avec ceux et celles qui restent.

Partage tes émotions, tes besoins, tes nouvelles orientations.

Fais connaître ton désir de maintenir des liens pour l'avenir.

Fais, s'il y a lieu, l'échange des pardons : accorde ton pardon et demande pardon.

S'il arrivait que la personne ne soit pas prête à entendre ce que tu veux lui dire, alors, en sa présence et en silence, tu peux lui exprimer les sentiments de ton cœur sans même avoir à dire un mot. Ce partage de toi-même, quoique tout intérieur, vous apportera à tous les deux une grande libération.

Quand l'inévitable surviendra, tu subiras le choc de la séparation. On ne s'habitue pas réellement aux séparations; on peut seulement apprendre à mieux les vivre. Par contre, la nouvelle intimité que tu auras réussi à créer avant le départ favorisera une résolution plus rapide et plus profonde de ton deuil.

**Dernières paroles**

Je connais un homme qui, à mon avis, a su préparer ses amis à son départ. Il les invita à le laisser partir afin qu'il puisse venir vivre en eux selon une nouveau mode de présence.

Jésus en effet disait à ses disciples :
*« Maintenant, je vais à Celui*
*qui m'a envoyé. »*
*« Il vaut mieux pour vous que je parte,*
*car si je ne pars pas*
*l'Esprit ne viendra pas à vous.*
*Mais si je pars, je l'enverrai. »*

*« Sous peu vous ne me verrez plus,*
*et puis un peu encore et vous me reverrez. »*
*« En vérité, en vérité, je vous le dis,*
*vous allez pleurer et vous lamenter,*
*mais votre tristesse se changera en joie. »*

*« Je vous reverrai et votre cœur se réjouira.*
*Et votre joie, nul ne pourra la ravir. »*

(Évangile de Jean, chapitre 16)

### Je crains les jours de fête

Je crains les jours de fête,
la fête des mères, la fête des pères,
la fête anniversaire de naissance,
la fête anniversaire de mariage,
la date de son départ ou de son décès,
les fêtes de Noël et du jour de l'An,
toutes les autres fêtes.
Je crains de réveiller la peine endormie,
j'ai peur des souvenirs heureux qui l'accentuent.
Je m'éloigne des gens heureux,
surtout de ceux qui veulent me divertir.
J'ai le vague à l'âme, je me sens triste,
je veux me cacher.

## Combien de temps dure un deuil?

Voilà une question sans réponse précise, car le temps de la résolution d'un deuil dépend de chaque individu et d'un ensemble de facteurs que les questions suivantes serviront à identifier :

— Qui avez-vous perdu? Un parent, un conjoint, un enfant, un ami...?

(Il est reconnu que le deuil d'un enfant est le plus pénible et le plus long.)

— Comment s'est faite la séparation? Une longue maladie, un accident, un suicide, un divorce inattendu, une trahison, une infidélité, une séparation avec négociation...?

— Vous êtes-vous préparé ou non? Si oui, comment l'avez-vous fait?

— Comment avez-vous appris à faire vos deuils dans votre famille?

— Quelle relation aviez-vous avec la personne disparue au moment du décès ou de la rupture?

— En plus de la perte que vous venez de subir, avez-vous d'autres pertes ou préoccupations qui épuisent vos énergies?

— Disposez-vous d'assez de temps libre pour vous permettre de commencer le travail de deuil?

— De qui recevez-vous soutien et accompagnement durant les moments pénibles? D'amis, de parents, de professionnels, d'une communauté, d'un groupe d'entraide?

Certes, le temps atténue la souffrance. Certains diront que l'on ne guérit jamais du deuil d'un être cher. Dans les sociétés traditionnelles, on parle de neuf mois, le temps d'une gestation. Je crois qu'un deuil sérieux exige au moins deux ans pour être résolu d'une manière satisfaisante.

La longueur du temps consacré à faire un deuil est importante, mais ce qui l'est davantage, c'est l'utilisation appropriée et efficace de ce temps.

## Les étapes de la résolution d'un deuil

Les soignants modernes de l'âme humaine n'ont commencé que tout récemment à s'intéresser à la démarche de résolution d'un deuil, vieux mot français qui signifie « douleur ». Des civilisations anciennes le faisaient depuis longtemps. Elles avaient inventé des rituels permettant de vivre sainement une séparation ou une perte affective. Dans nos sociétés modernes, il nous faut redécouvrir la façon de vivre un deuil et d'en guérir.

C'est ce que les professionnels du deuil ont déjà commencé à faire. Ils offrent divers modèles de résolution d'un deuil. Quant à moi, mon expérience clinique ainsi que mes recherches m'ont amené à construire mon propre modèle en huit étapes. Je vous les présente ici comme divers points de repère me permettant de suivre l'évolution d'un deuil.

*La première étape :*
    Le choc

*La deuxième étape :*
    Le déni

*La troisième étape :*
    L'expression des émotions

*La quatrième étape :*
    La réalisation des tâches rattachées au deuil

*La cinquième étape :*
    La découverte d'un sens à la perte

*La sixième étape :*
L'échange des pardons

*La septième étape :*
L'héritage

*La huitième étape :*
La célébration de la fin du deuil et la vie nouvelle

## La gravité d'un deuil

Que ce soit une grande ou une petite épreuve, on franchit toujours les mêmes étapes. Par ailleurs, la durée et l'intensité des émotions varient selon la gravité d'une perte. Et comment reconnaît-on la gravité d'une perte? C'est en prenant conscience du degré de l'investissement de soi-même dans une personne, une activité, un petit animal, un idéal, un bien ou un objet quelconque. Quel amour, quelle énergie, quelle partie de soi-même a-t-on investie dans la réalité qui avait du prix à ses yeux? Aussi, la question que l'on doit se poser lors d'une perte quelconque est la suivante : « Qu'est-ce que l'être perdu représentait pour moi? »

Il est dommage que l'on prenne conscience de la valeur de ses amours surtout après les avoir perdus. Une homme m'avouait en pleurant le départ de sa femme : « Jamais je n'aurais cru l'avoir autant aimée qu'après mon divorce. »

Faire son deuil d'un être cher, n'est-ce pas faire le deuil des rêves dont on avait enveloppé l'être précieux?

**Première étape : Le choc**

Quand le courant électrique devient trop intense et qu'il risque de griller le filage, les fusibles sautent pour l'interrompre. Quand survient une douleur trop grande, l'organisme humain produit des hormones tranquillisantes; des relais du courant nerveux sont coupés; la perception du réel s'embrouille; la vie émotive a tendance à se figer.

C'est là une mesure de survie à laquelle l'organisme a recours dans les moments de grande détresse. Grâce à cela, la victime d'une tragédie peut dès lors continuer à fonctionner au lieu de s'effondrer totalement. Elle peut ainsi trouver en elle-même assez de ressources d'énergie lui permettant de faire face à la dure réalité.

Voici des signes qui indiquent qu'une personne est en état de choc :

— une apparente insensibilité à la tragédie qui vient d'arriver

— des oreilles qui bourdonnent comme pour ne pas entendre la mauvaise nouvelle

— des yeux qui s'embrouillent pour ne pas voir

— sensation de froid et de paralysie intérieure

— grande lourdeur physique à la nouvelle d'un décès

— rire incontrôlable à la suite d'une tragédie (le rire dans les salons funéraires)

— hallucinations qui font croire à la présence du disparu

S'il dure trop longtemps, l'état de choc risque d'affecter profondément la vitalité de la personne atteinte. Sa vie émotive s'en trouve gelée; les émotions pénibles ou agréables sont émoussées; l'organisme reste crispé et raide; la sensibilité s'engourdit; la vie en général perd toute saveur. L'état de choc devient en soi une perte qui s'ajoute à la perte initiale.

### Deuxième étape : Le déni

Aux effets paralysants du choc se combinent ceux du déni qui sont soit d'ordre cognitif, soit d'ordre émotionnel. On ne veut pas reconnaître la réalité de la perte ou encore éprouver les émotions qui s'ensuivent. On s'entend dire les phrases suivantes :

> *« Ce n'est pas vrai. »*
> *« Je vis un cauchemar. »*
> *« Je ne peux pas y croire; je lui ai parlé hier. »*
> *« Elle est toujours présente dans ma prière. »*
> *« Je n'ose rien toucher de ses effets personnels. »*

Souvent, l'entourage favorise le déni : « À quoi bon penser à lui, tu te rends la vie pénible », « Ne pleure pas », « Tu peux l'oublier », « À quoi bon t'en faire, lui est heureux », « Occupe-toi pour ne pas y penser. »

Le déni prolongé empêche de vivre son deuil. La personne endeuillée éprouve alors une sorte de dépression, un malaise lourd et étouffant. La réaction de se protéger contre la souffrance étouffe toute vie intérieure. Par ailleurs, quand on laisse la douleur accéder à la conscience, on la ressent d'une manière vive, intense et claire, mais, par bonheur, elle est passagère et de courte durée.

Ceux qui ne veulent pas ou qui ne peuvent pas souffrir bloquent en quelque sorte le mouvement de la vie. Car en s'obstinant à étouffer la souffrance, on se prive des palpitations de la vie qui veut renaître. Par ailleurs, il faut savoir que c'est correct de souffrir et d'avoir besoin d'une main chaleureuse durant le passage pénible.

## Les formes de déni

Le déni prend des formes nombreuses et subtiles :

— Oubli de l'événement du décès

— Incinération faite à la hâte sans cérémonie d'adieux après la mort

— Tentative de fuir tout ce qui pourrait rappeler la mort : hôpitaux, cimetières, médecins, prêtres, etc.

— Se tenir occupé ou préoccupé pour ne pas penser à son deuil

— Acharnement à trouver un coupable de la mort ou de la rupture

— Entretien des souvenirs de la personne par des photos, des affiches, etc.

— Maintenir la présence de la personne disparue en conservant intacts ses objets et les lieux où elle avait habité

— Abus de médicaments, d'alcool, de drogues, etc.

Mais la forme de dénégation la plus dommageable est l'impulsion d'imiter la personne décédée ou encore de lui trouver un substitut chez une autre personne vivante. C'est un stratagème classique dans les familles pour dispenser les proches de devoir faire leur deuil.

— Le fils aîné se croit obligé de remplacer le père décédé.

— L'enfant se met à imiter les comportements de son frère ou de sa sœur décédée.

- La fille ou le fils s'efforce de remplacer auprès de la mère le père parti du foyer.

- L'homme divorcé ou le veuf aux prises avec le départ récent de son épouse se remarie sans délai pour se consoler.

Dans tous ces cas, vouloir remplacer le membre disparu par un autre membre ou par une personne extérieure empêche de faire son deuil.

## Le cœur qui refuse de souffrir

Dans un groupe de croissance, Isabelle, une religieuse, raconte qu'elle a décidé de se séparer d'un prêtre avec qui elle travaillait, car elle ressentait beaucoup trop d'affection et même d'amour pour lui. Aussi, n'écoutant que sa raison, elle choisit de s'éloigner de son collègue pour sauver sa vocation.

Ce qui me surprend, c'est qu'elle raconte cet événement important comme s'il s'agissait d'un fait divers. Elle ajoute : « Je me sens très bien avec ma décision. » Je lui demande alors : « Mais où est allée votre tristesse ? » Elle s'empresse de me dire qu'elle a bien vécu les sentiments de la séparation et que son deuil est déjà terminé.

Le lendemain, elle me demande de l'écouter, car elle a fait un rêve qui l'intrigue. Dans son rêve, elle est assise sur le bord de son lit. Son sein gauche prend des proportions monstrueuses ; effrayée, elle essaie de le retenir de ses mains pour l'empêcher de grossir. Une plaie béante se forme à la base du sein et, à son grand étonnement, des tissus séchés et gris tombent de la plaie. À ce moment-là, elle se réveille triste et stupéfiée à la pensée de cette peau morte qui tombait de la plaie.

Je lui suggère alors de reprendre le récit de son rêve, en s'imaginant cette fois-ci que c'est du sang qui coule de son sein. Isabelle proteste : « Mais ce n'est pas du sang ! » Je l'incite avec insistance à voir des gouttes de sang couler de la plaie. Ce qu'elle fait.

Alors son visage crispé se détend, de grosses larmes coulent sur ses joues. D'un signe de tête, elle me dit voir du sang couler de la plaie. La tristesse refoulée fait surface, et elle l'accepte.

Isabelle n'a plus peur, elle souffre certes, mais maintenant, elle se sent vivre.

**Troisième étape :**
**L'expression des émotions et des sentiments**

C'est une étape importante de l'évolution d'un deuil. Elle permet à la personne endeuillée de purifier ou de soulager son psychisme des liens biologiques et psychologiques qui la retiennent encore attachée à l'être aimé disparu. Par ailleurs, cette étape demeure très dramatique. C'est ce qui pourrait expliquer que plusieurs intervenants la considèrent comme finale. Elle est d'autant plus dramatique qu'elle survient après le choc et la négation, et juste au moment où les parents et amis commencent habituellement à laisser la personne endeuillée à elle-même, la croyant assez forte pour se tirer d'affaire seule.

Or, c'est peut-être l'étape où la personne en deuil a le plus besoin de soutien, car apparaissent alors des émotions et des sentiments de peur, d'impuissance, de peine, de culpabilité, de colère, de libération, jusqu'à la peine intense de la pleine conscience que tout est bien fini. Or plusieurs personnes endeuillées ne parviennent pas à entrer dans cette étape, et encore moins à la dépasser. Pourquoi?

Certains ne peuvent pas « se laisser aller ».

D'autres ne veulent pas avoir l'impression de « régresser » et de se voir redevenues « petites ».

Plusieurs n'ont jamais appris à ressentir et à exprimer certaines émotions.

D'autres craignent d'exprimer en même temps des émotions contradictoires comme l'amour et la colère, ce qui pourrait être mal interprété par l'entourage.

Nombreux sont ceux (surtout parmi les hommes) qui possèdent un pauvre répertoire d'émotions et ne se donnent pas la permission de les exprimer.

## La dépression suivie de sa compagne, la culpabilité

Souvent la perte, en plus d'entraîner des états dépressifs, déclenche des mouvements de culpabilité obsessive. Un peu comme s'il se réveillait en soi une sorte de juge insensible et accusateur. La personne, en plus d'être meurtrie par la peine, se sent accablée de reproches :

*« Tu l'as voulu, tu as couru après. »*
*« Tu aurais dû prévoir que... »*
*« Tu es stupide d'avoir cru que... »*
*« Vois comment tu agis toujours. »*
*« Vas-tu apprendre un jour? »*

Souvent cette culpabilité maladive, en plus d'être entretenue par son propre répertoire d'accusations, se nourrit des dernières paroles de blâme du partenaire au moment critique du départ.

*« Tu es ennuyeux... »*
*« Tu as beau faire n'importe quoi,*
*tu resteras toujours le même. »*
*« Tu es méchant, malhonnête. »*
*« Tu vois, ça n'arrive qu'à toi. »*
*« Tu ne sauras jamais être aimable comme les autres. »*

Ce genre de discours intérieur engendre des sentiments pénibles de dépression et d'abattement. On se sent fatigué et déprimé (ce qui devient un autre motif de s'accuser).

## La colère

Au cours d'un deuil, il est normal de ressentir aussi des mouvements d'irritation intérieure. On aurait envie d'exprimer sa colère à l'égard de la personne dont le départ par décès ou par divorce provoque un grand vide dans le fond de son cœur. Très peu de gens se le permettent. Par ailleurs, il leur arrive de déplacer leur colère et leurs reproches sur d'autres personnes de l'entourage.

C'est l'ambulance qui n'est pas arrivée à temps.

Le docteur n'a pas prescrit le bon médicament.

Le prêtre n'a pas su s'y prendre

pour annoncer la nouvelle fatale.

C'est cet amant ou cette maîtresse qui a volé le conjoint.

Souvent la colère s'exprime sous la forme de « pourquoi » :

*« Pourquoi moi? »*

*« Pourquoi es-tu partie? »*

*« Pourquoi Dieu m'a-t-il fait ça? »*

*« Pourquoi n'as-tu pas appelé le médecin plus tôt? »*

Ces « pourquoi » sont en réalité des cris de révolte. On veut moins demander des explications que trouver une occasion d'exprimer sa colère et, souvent, trouver un coupable.

Parfois, la colère va jusqu'à nourrir l'idée de vengeance contre ceux qu'on croit être la cause de son malheur. « S'il peut tomber malade à son tour... » « Je ne croirai plus en Dieu! » « Un jour, il sera puni. »

## La grande « braille »
## ou la pleine conscience de la perte

La pleine prise de conscience de la perte s'effectue d'une manière progressive. L'organisme met du temps avant d'absorber tout l'impact de la mauvaise nouvelle. Les résistances à faire son deuil s'installent d'abord. Elles ont comme objectif de donner un répit pour que la personne puisse bâtir des ressources qui lui permettront de faire face à la tragédie.

Puis un jour, toutes les résistances tombent; ça devient clair pour la personne endeuillée : oui, c'est bien fini. La personne aimée ne reviendra plus jamais. Plus de retour possible. Plus d'espoir. C'est bien terminé.

À partir de ce moment précis que j'appelle « la grande braille », la peine envahit toutes les fibres de l'être en deuil. Il éclate en lamentations; il a le sentiment de glisser dans un trou noir; il a l'impression de « perdre la carte ».

Puis, au bout de ce long tunnel noir, la personne émerge et baigne dans la lumière. Du néant, elle accède à un monde nouveau. Elle vient de franchir la tempête pour déboucher sur une plaine tranquille. Plusieurs ont décrit cette expérience comme s'il s'agissait d'une expérience mystique.

C'est le début de l'acceptation profonde de la séparation d'avec l'être aimé.

## La ronde folle des sentiments

Tu ne vivras pas tes émotions et sentiments selon une séquence précise. Tu seras souvent assailli par des irruptions d'émotions : peur, colère, culpabilité, honte, tristesse. À certains moments, tu seras libéré de la présence du disparu.

Profite des moments où émergent le flot des émotions; laisse-toi les vivre en douceur. Parfois, pour que les émotions puissent faire surface, tu auras besoin d'un accompagnateur.

Rappelle-toi que les émotions sont « mouvantes » et passagères. Si tu te permets de les exprimer, elles s'évanouiront et feront place à plus de paix en toi.

Il se peut que tu restes « accroché » à une émotion. Tu devras alors plonger davantage en toi pour découvrir le courant émotionnel plus profond qui ne trouve pas sa voie d'expression. Voici des exemples du phénomène de « trafic d'émotions » :

Une colère persistante peut cacher une tristesse qui ne peut s'exprimer. Le contraire est aussi vrai : une tristesse tenace peut se nourrir d'une colère que l'on ne se permet pas de dire.

Un désir d'isolement et de suffisance peut combattre un désir de dépendance où l'on se sentirait trop vulnérable.

La culpabilité obsessive pourrait puiser son énergie à une rage tournée contre soi.

Un dernier conseil : laisse la rivière des émotions et des sentiments suivre son cours; elle te portera vers les eaux de la tranquillité intérieure.

**Quatrième étape :**
**La réalisation des tâches rattachées au deuil**

Quand la catharsis (l'expression) de ses émotions est suffisamment avancée, il convient que la personne endeuillée passe aux actes et manifeste par des gestes concrets le détachement intérieur déjà réalisé.

C'est le temps pour elle :

— de terminer avec le disparu ce qui est resté en plan. Par exemple, certains dialogues inachevés. Ceux-ci peuvent se terminer par des écrits qui poursuivent le dialogue ou par des rituels d'adieu.

— d'accomplir les derniers devoirs funéraires comme celui d'enterrer les cendres, de faire ériger un monument, etc.

— d'accomplir les promesses faites au moment du départ.

(Si une promesse est impossible à réaliser, voir à la remplacer par une autre.)

— de décrocher peu à peu les photos et de les placer dans un album; de vendre ou de donner les effets du disparu.

Ces tâches d'apparence anodine, une fois accomplies, accélèrent la résolution du deuil.

## Cinquième étape :
## La découverte du sens de sa perte

Le psychiatre Victor Frankl affirme que le goût de vivre et de progresser s'enracine dans le besoin de trouver ou de donner un sens aux tragédies de la vie. C'est ce que l'accompagnateur doit demander à la personne endeuillée de faire une fois qu'elle est dégagée de l'effervescence de son émotivité au point de pouvoir prendre du recul par rapport à sa perte. Mais pour y réussir, elle aura besoin d'être aidée. Car le sens de la perte, tout présent et latent qu'il soit, ne se laisse pas toujours découvrir facilement.

Voici quelques questions qu'un accompagnateur peut utiliser pour aider quelqu'un à faire cette découverte.

— Quel sens ta perte est-elle susceptible de prendre dans ta vie?

— Comment cette perte va-t-elle t'aider à mieux te connaître?

— Quelles nouvelles ressources as-tu découvertes en toi?

— Qu'est-ce que cette situation pénible t'apprend?

— Quelle nouvelle orientation ta vie va-t-elle prendre?

— Dans quelle mesure as-tu fait appel aux ressources de ta foi?

— Comment prévois-tu grandir à la suite de l'événement pénible?

Une fois posée la question du sens, la réflexion se déclenchera pour trouver une réponse. Il faut faire confiance à la sagesse intérieure de chacun. Il se peut que l'on trouve d'emblée la réponse à la question. D'autres fois, les éléments du sens qui au départ étaient disparates s'organisent en une réponse plus claire. Enfin, il arrivera que l'on se surprenne en train de vivre la réponse sans s'en être aperçu.

## Témoignage de personnes qui ont découvert un sens à leur drame

Un homme divorcé raconte : « À la suite de l'échec de mon mariage, j'ai pris conscience de ma grande dépendance affective et des attentes impossibles à l'égard de mon ex-épouse. J'apprends peu à peu maintenant à devenir autonome avec l'aide d'un psychologue. »

Une mère qui a perdu son enfant à la naissance : « Ce n'est pas en vain que j'ai perdu mon enfant. Je l'ai donné en adoption à ma meilleure amie qui, à son immense regret, était décédée sans avoir eu d'enfant. Maintenant au ciel, mon enfant a une mère et mon amie peut avoir soin de "son enfant". »

Un professeur à la suite d'un grand chagrin d'amour : « J'ai fondé une association pour personnes qui ont subi des échecs dans leur mariage ou leurs relations. »

Une accompagnatrice en soins palliatifs : « À la mort de mon fœtus, j'ai senti un appel à accompagner les mourants. Je me devais de renverser le processus de mort de mon bébé. Maintenant, j'aide les mourants à naître à la vie éternelle. »

Une mère qui a perdu son fils de dix-neuf ans : « J'ai compris les paroles de mon fils qui, le jour de mon anniversaire, m'avait enregistré un message. Il me disait : "Maman, tu es merveilleuse." J'entendis ces paroles comme si j'étais une "Mère veilleuse". Je trouvai alors une nouvelle mission dans ma vie : je serai une "mère veilleuse" auprès de mes étudiants du cégep. »

### Sixième étape : L'échange des pardons

#### 1~ Demander pardon

Une perte grave entraîne des prises de conscience très révélatrices de soi et de ses sentiments. Entre autres, celle de réaliser l'intensité de l'amour qu'on éprouvait à l'égard de la personne aimée perdue et, en même temps, celle de sa pauvreté d'expression dans cet amour. Voilà pourquoi on sent le besoin de se faire pardonner et de se pardonner soi-même de manière à atténuer son sentiment de culpabilité.

Mais il s'agit de se faire pardonner quoi, au juste?

De n'avoir pas été à la hauteur de la situation
De ne pas avoir assez dit à l'autre : « Je t'aime »
D'avoir considéré l'autre comme une chose acquise
De ne pas l'avoir sauvé de la maladie et de la mort
De ne pas avoir su sauvegarder son mariage
D'avoir manqué d'amour et de clairvoyance
etc.

D'abord demander pardon à l'autre, même en son absence, aide à diminuer son sentiment de culpabilité et à reconnaître ses limites dans l'amour. Puis, une fois convaincu que l'on a reçu son pardon, on est mieux disposé à se réconcilier avec soi-même, avec ses limites, ses défauts, ses actions ratées, etc. Une nouvelle harmonie s'établit en soi.

## 2- Accorder le pardon

Une fois pacifié par le pardon reçu, on est plus en mesure de pardonner à son tour à la personne qui a quitté. Il est évident que dans le cas d'un décès le pardon n'a pas la même intensité que dans celui d'un divorce. Il reste que, dans les deux situations, le pardon s'impose comme une démarche nécessaire pour atténuer sinon éliminer les restes de colère intérieure qu'occasionne toute séparation. Il s'impose d'autant plus que sans lui il ne serait pas possible de passer à la prochaine étape, celle de l'héritage. Car comment pourrait-on accepter en héritage les qualités d'une personne contre laquelle on demeure fâché?

Certaines personnes objecteront : « Pourquoi insister pour pardonner à quelqu'un d'être décédé, comme s'il était responsable de sa mort? Il est compréhensible de pardonner au conjoint avec qui l'on a divorcé, mais pourquoi faudrait-il pardonner à un être cher d'être mort? »

D'abord, qu'on se rappelle comment les relations affectives avec le décédé étaient loin d'être parfaites et qu'à cause de la pauvreté de l'amour humain on a toujours des choses à se pardonner entre personnes intimes. À ce premier motif de pardon s'en ajoute un autre : ce sont toutes les difficultés qu'éprouve le survivant et qui sont conséquentes au départ de la personne aimée, comme le bouleversement émotif, la solitude, le sentiment d'être laissé seul pour se débrouiller avec les tâches domestiques, l'insécurité financière et affective, etc.

La disparition d'un être cher a de quoi créer de la frustration, de la colère et de l'amertume. Accorder son pardon au disparu éliminera le ressentiment qu'on lui porte encore.

## Septième étape : L'héritage

Certains auteurs affirment que le deuil est résolu quand la blessure semble cicatrisée. D'autres voient dans l'acceptation résignée de la perte et le retour à la vie « normale » la fin du deuil.

Pour moi, un deuil n'a pas atteint sa fin tant qu'il n'a pas franchi l'étape de l'héritage.

Mais quelle est cette étape? Elle consiste à récupérer pour soi l'énergie, l'amour, les qualités mêmes de l'être cher disparu.

Dans l'attachement à un autre, on s'investit en lui en trouvant chez lui les qualités que l'on désirerait pour soi. Parfois, on va jusqu'à s'identifier à la personne aimée et à l'idéaliser. Si, en faisant son deuil, on réussit à se détacher de l'être aimé et à le laisser partir, on peut alors jouir d'une nouvelle présence en soi de cet être cher.

En acceptant de laisser partir quelqu'un dont on admirait certains talents et qualités, on se dispose à recevoir en soi ces mêmes qualités et talents. Voici trois exemples frappants d'héritage acquis spontanément : une épouse, après vingt-cinq années de vie au foyer, prend la place de son mari décédé comme directrice d'une compagnie d'autobus et y réussit très bien. Un père de famille, après la mort de son épouse, s'improvise cuisinier et fait d'excellents repas de famille, alors que de son vivant il n'avait jamais cuisiné. Une épouse retirée et timide poursuit avec succès les activités sociales de son mari décédé.

L'héritage est un phénomène qui souvent se produit d'une manière naturelle. On peut cependant en faciliter l'éclosion à l'aide d'un rituel que je décris plus loin (pages 153-158).

## Huitième étape :
## La célébration de la fin du deuil

Quand sait-on que son deuil est terminé? Auparavant, on signalait la fin d'un deuil en changeant la couleur de ses vêtements ou en pratiquant un rituel quelconque. Aujourd'hui, il n'y a plus de signe extérieur ou de sanction sociale signalant la fin d'un deuil. Ainsi, on ne sait plus quand le deuil prend fin. C'est justement pour remédier à cette incertitude que, dans les groupes de deuil, après le rituel de l'héritage, l'animateur du rituel proclame d'une manière officielle que le deuil de l'héritier est bel et bien terminé.

À l'annonce publique de la fin de leur deuil, les personnes se sentent transportées de joie. Elles ont l'impression d'être libérées d'un grand poids. Elles éprouvent un profond sentiment de paix et d'harmonie intérieure. Angoisses, souffrances et états dépressifs engendrés par le deuil s'en sont allés. Certains vont même jusqu'à en pleurer de joie.

Il est recommandé de compléter cette célébration par une prière d'action de grâce, par des félicitations offertes à la personne libérée de son deuil et par un toast porté à sa nouvelle vie.

**Sois patient avec toi-même pour bien guérir**

Dans ce monde envahi par la fièvre de l'instantané et du prêt-à-jeter, je sais que tu voudrais te « débarrasser » sur-le-champ de ta souffrance. Or, ça ne peut aller aussi vite que tu le voudrais.

Le processus de guérison doit suivre son cours. On peut en aider le déroulement, mais on ne peut pas et l'on ne doit pas le précipiter. N'essaie pas de brûler les étapes.

Plus ta blessure est grande, plus la guérison demandera du temps.

Sois assuré que la guérison viendra. D'ailleurs, elle est déjà commencée en toi. Accorde-toi tout le loisir et le temps nécessaires pour l'effectuer, comme tu le ferais pour un membre cassé. Paie-toi ce luxe. Tu le mérites bien.

L'expérience humaine que tu vis est lourde de conséquences. Il ne faut pas la rater. N'imite pas ces gens qui ne prennent pas le temps de se laisser humaniser par leurs souffrances; ou bien ils durcissent leur cœur, ou bien ils essaient d'oublier. Le résultat de pareilles manœuvres, c'est qu'après un chagrin d'amour ils craignent d'aimer à nouveau.

La souffrance, certes, n'est pas bonne en soi. Il ne faut pas la cultiver pour elle-même. Mais si tu sais t'y prendre, tu peux en tirer de riches bénéfices en termes de maturité et d'épanouissement humain.

## Laisse-toi vivre le moment de vide
## éprouvé dans le deuil

*Durant ton deuil, demeure tranquille et attentif.*
*Ne précipite pas la montée d'espoirs faciles,*
*de peur de te créer des illusions.*
*Modère en toi le désir des amours immédiats,*
*de peur d'entretenir de faux amours.*
*Dans l'attente, conserve la foi en l'avenir :*
*elle t'assure que revivront en toi*
*l'espoir et l'amour.*
*Vis au présent dans le calme : le vide de l'attente.*
*De l'obscurité jaillira la lumière,*
*du silence montera le chant,*
*de l'immobilité surgira la danse.*

## Les étapes du deuil dans le quotidien

Il n'est pas nécessaire d'avoir perdu des êtres chers ou des biens précieux pour se sentir en situation de perte et entrer dans la résolution d'un petit deuil. Prenons comme exemple un rendez-vous raté. Vous arrivez trop tard à la gare pour rencontrer un ami avant son départ. Le train s'ébranle et vous n'avez pas pu lui faire vos adieux. Voici un scénario de réactions naturelles :

| | |
|---|---|
| Choc et négation | « Ah non! je ne peux pas croire que je l'ai manqué. » |
| Culpabilité | « J'aurais dû quitter mon travail plus tôt. » |
| Colère | « Si au moins les agents de la circulation faisaient bien leur travail! » |
| Tristesse | « J'aurai tellement voulu lui parler! » |
| Sens de la perte | « Ça m'apprendra à partir à temps. » |
| Pardon | « Il me pardonnera sûrement. » |
| Paix | « Je lui téléphonerai pour m'excuser. » |

# 4<sup>e</sup> partie

## Je continue à vivre

## Je coule

| | |
|---|---|
| Mercredi : | La pensée de son départ<br>me harcèle. |
| Jeudi : | Je coule dans mes souvenirs<br>et je pleure. |
| Vendredi : | Je ne peux plus nier.<br>Je m'enfonce dans la dépression. |
| Samedi : | J'ai l'impression de me noyer<br>dans la tristesse. |
| Dimanche : | Mon Dieu, je ne me décide pas à faire<br>surface.<br>Fais-tu parfois des visites à domicile ? |

## J'ai peur de devenir fou de peine

Par suite d'un dur coup, plusieurs personnes ont peur de perdre la tête de chagrin. Elles se sentent mal et désorientées.

Peut-être es-tu hanté, toi aussi, par cette peur de ne plus être capable de retrouver tes sens.

Tu te surprends en train de déplorer ton état en disant :

*« Je manque de concentration. »*
*« J'ai de la difficulté à me ressaisir. »*
*« Je crois que je ne pourrai jamais en sortir. »*
*« Je crains la dépression. »*
*« J'ai tout perdu; je ne sais plus où je vais. »*
*« J'ai peur de ne pas être capable de tenir le coup. »*

Remarque que ta peur est réelle, mais son objet ne l'est pas, car tu n'es pas en train de devenir « fou »...

Certes, ton état actuel est pour le moins inconfortable; tu te sens dérangé et même bouleversé. Tu as perdu momentanément ta stabilité habituelle. Et tu as raison d'avoir peur.

Par ailleurs, dis-toi qu'il faut te donner du temps, car cet état est passager. Pour l'instant, il est sage de te laisser « flotter » sans trop vouloir te débattre. Laisse la guérison suivre son cours.

Déjà en toi, sans même que tu t'en doutes, de nouvelles énergies s'organisent, un nouvel équilibre intérieur se met en place. Par moments, tu pressens déjà en toi le retour prochain d'une paix nouvelle.

## Quand j'ai cessé d'être un couple

J'ai bloqué la montée du désir
sur le chemin du retour.
J'ai cessé de vouloir te raconter
les événements de ma journée.
J'ai été hanté par le manque de ta caresse
rieuse et délivrante.
J'ai refoulé en moi les longues confidences
prêtes à se défiler.
Je ne me sentais plus accepté sans condition
dans ma folie.
Je ne pouvais plus te réveiller la nuit
pour me libérer de mes cauchemars.
J'ai coupé le film des rêves et des projets à deux.
J'ai tenté, en vain toutefois, de ne plus m'inquiéter
de tes difficultés.
J'ai voulu m'empêcher de vibrer à tes joies.
J'ai renoncé à mon rôle de protecteur
et de confident.
J'ai essayé d'enterrer un monde intérieur
encore trop vivant.
Alors une grande partie de mon être
s'est empêchée de vivre.

## Ma délivrance se trouve
## dans ce que je crains le plus

*Pour ne plus souffrir,*
*mon corps s'est tendu et raidi.*
*Je ne voulais plus voir ou entendre.*
*J'ai voulu dormir, devenir inconscient, me reposer.*
*Mais je crois que cet état de léthargie*
*me fait plus peur que la perte elle-même.*
*Que dois-je faire?*
*Je ne connais pas d'autre solution que d'accueillir*
*cette visiteuse toujours inopportune, la souffrance.*

## Tu fais partie de la communauté des souffrants

Il est intolérable de penser souffrir seul au milieu de gens qui semblent tous heureux. Souvent, au milieu de sa tristesse, on a l'impression d'être seul dans son malheur.

Mais la réalité est tout autre. Comme toi, aujourd'hui, nombreuses sont les personnes qui, au milieu de leurs peines, de leurs misères et de leurs souffrances, s'efforcent de continuer à vivre.

La vue des gens qui te semblent heureux peut amplifier ton mal, mais si tu regardes avec attention, tu découvriras, tout près de toi, des personnes qui portent un lourd fardeau de déceptions, de bouleversements et de problèmes.

Ce que tu vis est important. Ta tâche humaine actuelle n'est pas de nier ta souffrance ou de te savoir isolé, mais bien de l'assumer et de la transformer en gain. Ta souffrance te fera découvrir l'importance de la vie, t'apportera une plus grande maturité et changera ton regard sur les autres.

Tu n'es pas seul à souffrir. Rejoins la grande communauté de ceux et celles qui souffrent. Tu te sentiras épaulé par un immense cortège de personnes qui vivent l'expérience la plus commune à l'humanité. Tu n'es pas seul, mais entouré de gens avec lesquels tu peux sympathiser.

## Je m'étais cru inaccessible

J'avais barricadé mon cœur.
J'avais engourdi mon corps.
Je m'étais coupé de mes émotions.
Par moments, ce pouvoir sur moi m'enivrait,
    m'exaltait.
J'étais devenu maître absolu de moi-même,
    maître de ma tragédie,
    maître de ma souffrance,
    maître de ma destinée.
Je devenais une sorte de héros inaccessible,
    un dieu insensible.
Ma tête conduisait toute ma vie.
Jamais, dans cette atmosphère artificielle,
    je ne m'étais senti aussi libre.
Puis un jour, ma tour de glace a craqué,
    ma raideur s'est amollie
    mes certitudes ont été ébranlées.
Un grand vertige s'est emparé de mon être.
J'ai eu peur.
J'avais besoin.
J'étais petit.
Je frissonnais.
Je pleurais.
Adieu, noblesse, grandeur rigide, divinité,
    j'étais redevenu humain.

## Tu es encore plein de ressources intérieures

Par suite d'une blessure occasionnée par un décès ou une séparation, il arrive que la personne en deuil perde confiance en elle-même. Elle se met à douter d'elle-même et de ses possibilités de s'en sortir.

Ressens-tu toi aussi cette désespérance? L'estime de toi-même a-t-elle été endommagée? As-tu entendu ces voix intérieures t'accuser en te répétant : « Tu aurais dû prévoir... Si tu avais écouté les conseils de... Si tu avais été plus prudent... »

Lorsque tu t'accuses ainsi, il est important de te souvenir que tu n'as jamais cessé d'être une personne saine et intègre et que tu disposes de toutes les ressources intérieures pour guérir et grandir.

Surveille dès lors ton monologue intérieur. Au lieu de te dire : « Je suis blessé », dis-toi : « J'ai une blessure à l'âme et j'ai la capacité de guérir. » Au lieu de te répéter : « Je suis un échec », redis-toi : « J'ai eu un échec et c'est réparable. » En remplaçant le verbe « être » par le verbe « avoir », tu réaliseras que ce n'est pas ton être profond qui a été touché et qu'il est plein de ressources capables de te guérir.

Fais-toi confiance. Fais confiance à la sagesse instinctive de ton guérisseur intérieur. Il sait comment tu peux guérir et devenir encore plus vivant.

## Donne-toi la permission de souffrir

Dans notre société, ce n'est pas populaire d'être malheureux. Le bonheur est devenu presque une obligation. Et n'est-ce pas que ce bonheur est facile et à la portée de la main, à en juger par la publicité?

La souffrance est devenue quelque chose de honteux qu'il faut cacher. Aussi confine-t-on les vieillards dans les hospices et les mourants dans les hôpitaux. On demande aux embaumeurs de faire de « beaux » morts. Peu à peu, on devient allergique à toute souffrance. Soi-même, quand on est triste ou peiné, on craint de déranger ou de se faire juger.

Donne-toi le droit d'être triste et malheureux, de pleurer et d'être déprimé pour un temps. Il n'y a rien de honteux là-dedans. Pour l'instant, oublie les voix intérieures qui te disent de ne pas montrer de tristesse ou de ne pas pleurer. Tiens-toi en compagnie de personnes sympathiques qui savent ce que tu vis pour avoir passé par là.

Tu vis un état pénible, mais passager. Avec l'appui des autres, permets-toi de le reconnaître et de t'accueillir dans cette situation. C'est le début de ta guérison.

## Je refuse de ne plus être pour toi la personne la plus importante

Je n'avais jamais été le premier en rien.
Pour toi, j'étais le premier,
    l'indispensable,
    l'unique.
Tu venais de me le dire.
Le seul qui te comprenait,
le seul qui savait te rejoindre,
le seul qui pouvait t'aimer comme tu le voulais.

Je n'accepte pas d'être « un simple ami ».
Je n'accepte pas d'être comme tout le monde.
Je n'accepte pas d'exister sans ton regard admiratif.
Je veux être unique au monde, unique pour toi.

## L'harmonie intérieure brisée

Ta paix intérieure est chamboulée.

Tes projets ont été bouleversés.

Tu as été atteint au plus profond de toi-même.

Reconnais ton état de convalescent.

À l'intérieur de toi, tu entends se dérouler des dialogues « fous ». Les différentes parties de toi s'énervent, s'accusent, s'exaspèrent. Certaines voix accusent, d'autres se défendent :

— *Tu n'aurais pas dû t'attacher à cette personne.*

— *Oui, mais comment pouvais-je savoir que...*

— *Tu es trop dépendant.*

— *Oui, mais j'ai besoin d'aimer.*

— *Oublie-le, il n'est pas digne de toi.*

— *Comment pourrais-je l'oublier? Je l'aime encore.*

Ce charivari intérieur devient épuisant; toutes ces parties de toi se chamaillent sans s'écouter. C'est la pagaille, comme si le chef d'orchestre avait perdu le contrôle de ses musiciens.

Au-delà de ce babillage superficiel, il existe en toi une zone de silence et de tranquillité. Elle se trouve au centre de toi-même. Plusieurs peuvent la rejoindre grâce à leur dialogue avec Dieu.

## Renoue le dialogue avec l'enfant blessé en toi

Nous venons de constater jusqu'à quel point les parties divisées de toi-même peuvent se disputer et s'énerver à la suite d'un malheur.

Il te faudra maintenant commencer à changer les paroles d'accusation en paroles de consolation. Même si à l'occasion un confident compréhensif t'aide à te comprendre, il n'y a que toi qui puisses apprendre à te « vivre en douceur ». Aussi, je te suggère l'exercice suivant de dialogue avec l'enfant blessé en toi.

Dans l'intimité de ta chambre, serre un oreiller contre ton ventre et, si tu en sens le besoin, commence à te bercer comme le font les enfants.

Dis à ton enfant intérieur que tu es prêt à l'écouter.

Laisse-le s'exprimer, pleurer, chialer comme il l'entend.

Redis-lui ce que tu as compris de sa peine et de ses émotions.

Rappelle-lui que tu veux l'accueillir comme il est, sans le blâmer.

Rassure-le de ta présence constante.

Demeure en compagnie du « petit » en toi. Tu devras peut-être lui adresser la parole à plusieurs reprises avant qu'il puisse te faire confiance et se livrer en profondeur.

Une fois le lien de confiance établi, tu sentiras en toi un grand soulagement.

Sympathie de toi à toi-même.

Présence réconfortante de toi à toi-même.

## Les litanies de l'amour et de l'amitié

Voici un exercice susceptible de briser ce monologue intérieur qui t'accuse, te déprime et tourne en rond. Cet exercice simple me fut fort profitable, ainsi qu'à ceux et celles qui ont eu le courage de le faire.

Il est inutile de vouloir t'en prendre à ta voix intérieure qui se montre fâchée et accusatrice. Tu dépenserais inutilement ton énergie. Mieux vaut l'utiliser à construire du positif.

Pour faire l'exercice des « litanies de l'amour », retire-toi dans un endroit tranquille, prends une position confortable, détends-toi et commence à réciter (oui, j'ai bien écrit « réciter ») la litanie des êtres qui t'aiment : personnes, animaux, plantes, objets.

Paul m'aime.
Thérèse m'aime.
Ma fougère m'aime.
Maman m'aime.
Mon chien m'aime.
Ma peinture m'aime.

Vas-y rondement, sans porter de jugement sur la qualité ou l'intensité de l'amour. L'important, c'est de prendre conscience que tu es aimé dans la vie. Peu à peu, agrandis la liste de tes amoureux et amoureuses, et récite-la à plusieurs reprises.

En peu de temps, tu seras surpris de ce qui se passera en toi.

### Les hauts et les bas de la guérison

Tu es en bonne voie de guérison.

La démarche vers la guérison complète ne s'accomplira pas selon une progression continue :

*Je me sens bien.*

*Je me sens mal.*

La guérison évolue comme cette ligne brisée en zigzags variés et imprévisibles.

*Je me sens bien.*

*Je me sens mal.*

Si tu constates une régression, ne te décourage pas, car un nouvel élan vers la santé est sur le point de s'amorcer.

Peu à peu, tu constateras que les bas se font moins creux et moins fréquents.

Déjà, l'angoisse desserre l'étau autour de ta nuque et de ton ventre. Tu respires de mieux en mieux.

Ouf! Ça fait du bien.

## Mon amour perdu, je t'idéalise

Certains jours, j'ai l'impression que
    je ne pourrai plus aimer
    je ne pourrai plus vivre en paix
    je ne pourrai plus être heureux.
En te perdant, c'est comme si
j'avais tout perdu.
C'est « l'âme de mon âme »
qui aurait cessé de vivre.

Mais dans ces moments,
j'oublie à quel point
    parfois je m'ennuyais avec toi,
    parfois je me sentais frustré avec toi,
    parfois j'aurais aimé être ailleurs,
    parfois je me sentais prisonnier
    avec toi (douce prison).

Quand je me rappelle
nos conflits,
nos affrontements,
nos frustrations mutuelles,
nos empoignades,
je me sens mieux
et le goût de vivre me reprend.

**Bien t'alimenter**

Le fait de bien te nourrir accélérera sûrement ta guérison.

Prends des repas bien équilibrés à des heures régulières. Ce sera pour toi une autre occasion de retrouver une certaine sérénité au milieu de ton désarroi.

Évite les diètes sévères qui camouflent souvent des motifs inavoués d'autopunition.

Rencontre une diététicienne pour qu'elle te prescrive un régime d'alimentation propre à te garder en bonne condition physique.

Même s'il n'existe pas d'aliments ou de recettes miracles, il existe cependant des aliments, des vitamines (par exemple, la combinaison de vitamines B et C) ainsi que des tisanes qui ont des effets calmants et réconfortants sur l'organisme. Tu ne perds rien à te renseigner sur ce sujet.

Le travail du deuil, auquel tu te consacres avec tant de générosité, te cause déjà assez de stress; inutile de l'augmenter par une mauvaise alimentation.

## Le danger de vouloir t'engourdir

Il y a une grande différence entre chercher du réconfort auprès de quelqu'un pour soulager sa peine et sa détresse et chercher du réconfort en s'engourdissant par des moyens artificiels : alcool, drogue, etc.

Toutes les substances qui t'empêchent de vivre tes états émotifs sont à proscrire, car elles cultivent chez toi le « déni » émotionnel et elles retardent ta guérison.

Les actions « apaisantes » comme boire de l'alcool, prendre des drogues, se bourrer de sucreries, boire du café ou fumer à l'excès, peuvent te procurer un soulagement momentané, mais elles te réservent des suites pénibles, comme des chutes d'énergie et des états dépressifs.

Il existe des moyens de soulagement plus efficaces. Je t'en suggère quelques-uns à la page suivante.

Que penser des médicaments prescrits par le médecin? Il est recommandé de les prendre fidèlement. De même que l'on a parfois besoin de béquilles pour marcher, ainsi peut-on avoir besoin de médicaments pour tenir le coup dans une épreuve. Par ailleurs, tu es le seul à te sentir et à pouvoir dire ce que tu éprouves. Aussi, après avoir pris l'avis de ton médecin, tu pourras juger par toi-même des effets produits par la diminution de la dose prescrite et découvrir ainsi à quel moment tu pourras t'en passer.

**Trousse de secours pour prendre soin de toi**

Voici quelques suggestions pour te « gâter » dans les moments pénibles et t'aider à les supporter plus facilement :

— Prendre un bain chaud avec des huiles
  et de la mousse.
— Aller marcher dans la nature.
— Te faire donner un massage.
— Prendre un moment de recueillement pour prier.
— Te préparer au sommeil en diminuant
  tes activités dans la soirée.
— Aller au cinéma; essayer un nouveau restaurant.
— Rendre service à une personne ou à un organisme.
— Te faire « jouer » dans les cheveux par le barbier ou la
  coiffeuse.
— Visiter des malades.
— Te cuisiner un plat à ton goût.
— Écouter tes disques préférés.
— Écouter un CD d'exercices de détente.
— Te laisser tenter par un nouveau livre alléchant.
— T'amuser avec un enfant.
— Jouer avec un petit animal.
  etc.

Ce sont des activités aussi peu dispendieuses que celles-là qui s'avèrent les plus réconfortantes. L'essentiel, c'est de te montrer bon envers toi-même et d'éviter de te punir sous prétexte d'avoir mérité la peine que tu ressens.

## Revois ton bilan d'énergie

Le travail de deuil te demande beaucoup d'énergie physique et psychologique. Sois indulgent avec toi-même si tu te sens fatigué.

Tu as besoin de repos, maintenant.

Dors plus qu'à l'ordinaire : couche-toi tôt, lève-toi plus tard.

Vivre un deuil cause un stress constant quoique temporaire. Ta concentration est moins bonne. Aussi faut-il que tu planifies avec prudence tes diverses activités.

Remets à plus tard les grandes décisions.

Évite les situations où l'on exigerait trop de toi sur le plan émotif ou qui supposeraient une trop grande dépense d'énergie.

Choisis des tâches ou des loisirs qui te calment et te reposent.

Ce n'est pas le temps d'opérer de grands changements dans ta vie.

Si tu as à surmonter des situations stressantes, n'hésite pas à demander de l'aide.

Évite les situations dangereuses créées, telles que faire de la vitesse en voiture ou pratiquer des sports extrêmes.

Rappelle-toi comment dans le passé tu as réussi à survivre à bien des situations aussi pénibles. Pourquoi ne réussirais-tu pas à bien vivre celle-ci?

## Sois fidèle à une routine quotidienne

Tu aimerais mieux ne pas aller au travail ce matin. Ce soir, tu préférerais t'abandonner dans de sombres pensées ou bien « t'avachir » devant une télévision bavarde. Au lieu de t'« écraser » ainsi, accorde-toi un moment de repos ou de détente. Au cours de ta journée, ménage-toi de courts moments de retrait. Quelqu'un me rapportait qu'à son travail, n'ayant pu trouver le moindre lieu de calme et de paix, il avait fait des toilettes son « oasis » de récupération.

Même si tu te sens bouleversé et désorganisé, observe chaque jour un horaire précis. Tu auras alors le sentiment que ta vie est redevenue normale et ordonnée.

Quand tu te surprends à délibérer inutilement sur des activités aussi simples que celles de manger, de faire ta toilette ou de t'habiller, coupe court à ces ruminations et contente-toi d'exécuter automatiquement ces gestes de tous les jours.

Au lieu de laisser ton deuil prendre toute la place au cours de tes journées, prévois des moments précis où tu t'y consacres avec plus d'intensité. Tu pourras ainsi profiter de périodes de congé de ton deuil.

## Il est permis de redevenir enfant

Tu as le droit de « régresser », de redevenir « petit » ou « petite » pendant un certain temps. C'est même une condition nécessaire pour exprimer ton émotivité et recouvrer plus rapidement ton équilibre.

Ne crains pas. Ce retour à l'âge tendre ne sera que provisoire. Très vite, l'adulte en toi reprendra la maîtrise de la situation.

Il t'est permis aussi d'aller chercher réconfort et compréhension auprès de tes proches, qu'ils soient parents ou étrangers. Peut-être sentiras-tu le besoin d'être tenu et serré dans leurs bras. N'aie pas honte de ce besoin. C'est tout à fait normal d'aller chercher de l'affection et de la sécurité chez ceux et celles qui peuvent te l'accorder avec spontanéité.

Certains ressentent ce besoin d'affection et de sécurité mais s'abstiendront de demander à d'autres de le combler, par crainte de paraître dépendant et vulnérable. Pensons alors qu'il est possible de conserver son autonomie en choisissant de qui et comment on se permet de dépendre d'un autre.

## Ne te gêne pas pour demander de l'aide

Parfois, la peine et la honte d'avoir été blessé te conduiront à t'isoler. Tu auras peur d'ennuyer les gens avec tes problèmes. Plutôt que d'étaler ta détresse, tu préféreras te cacher derrière le masque d'un « super » adulte. En effet, lorsqu'on éprouve un besoin trop grand, on craint de laisser paraître sa fragilité et de crier au secours. Ce serait montrer trop de vulnérabilité.

Pourtant, il n'y a rien de plus humain et de courageux que de le faire. Certaines personnes endeuillées l'ont compris et se sont créé un système d'entraide avec des amis. Pourquoi plus spécialement avec des amis qu'avec les parents? Parce que les amis, dans les situations de deuil, peuvent avoir plus de recul que les parents vis-à-vis de l'événement malheureux et peuvent ainsi mieux accompagner.

Tu peux te joindre à un groupe d'entraide de personnes qui vivent le même genre d'épreuve. Si tu veux rester anonyme, tu peux toujours t'adresser à un confident de « « Tel-aide ».

Visite un ami, une amie. Fais-toi inviter à manger.

Prévois comment tu pourrais te tenir plus occupé aux heures de solitude comme les vendredis soirs et les fins de semaine.

Près de toi, tu peux toujours trouver des « écoutants » extraordinaires tels le propriétaire du dépanneur, une voisine sympathique, la femme de ménage, le facteur... Si tu cherches bien, tu rencontreras une « Sagouine » pleine de sagesse.

## L'ami oublié

*Toi, l'ami que j'avais oublié,*
*que j'avais négligé,*
*que ne je ne voyais plus,*
*trop pris que j'étais*
*par ma relation amoureuse.*

*Maintenant que je suis dans la peine,*
*je me permets de te lancer*
*un appel au secours.*

*Dans mon cœur, je suis sûr que tu me recevras au*
*nom de l'amitié bâtie ensemble au cours de notre*
*jeunesse. Amitié construite dans la dépendance*
*mutuelle, le regard fixé au même but.*
*Dis-moi, seras-tu là pour m'écouter?*

**Réduis au minimum les prises de décision**

À moins de devoir faire face à des échéances incontournables, garde-toi de t'impliquer dans des décisions importantes.

Tu as déjà ta part de bouleversements. Tes états émotifs changeants t'empêchent d'avoir toute la concentration et l'objectivité nécessaires pour effectuer de grands changements dans ta vie. La décision la plus importante pour le moment est de ne pas en prendre.

Si possible, remets les décisions à plus tard.

Si tu es coincé et que tu dois prendre une décision importante, demande l'aide d'une personne sage et prudente qui, par ses conseils, saura bien te guider.

Patience! Une fois ton deuil résolu, tu jouiras d'une grande liberté intérieure et, par le fait même, d'un plus grand discernement.

## Non, je ne veux pas passer l'automne seul

*L'automne s'en vient.*
*Le froid m'envahit déjà.*
*Les arbres redoutent l'engourdissement,*
*les feuilles s'empressent de fuir.*
*Nostalgie et vague à l'âme m'habitent.*
*Je crains l'ensevelissement prochain.*
*Comme le moribond à l'agonie*
*qui s'acharne à ne pas mourir*
*avant que quelqu'un ne le tienne*
*dans ses bras,*
*je ne veux pas mourir à mon amour*
*avant que quelqu'un me dise « je t'aime ».*
*Non, je ne veux pas passer l'automne seul.*

## Cultive les forces de vie autour de toi

Des intervenants en soins palliatifs m'ont confié que la compagnie assidue des mourants les portait à s'entourer d'êtres vivants et à regarder éclore et pousser la vie autour d'eux. Comme eux, toi qui, par ton deuil, fais l'expérience d'une « petite mort », tu trouveras profit à faire éclater la vie autour de toi :

> *À faire pousser des plantes*
> *À faire un bouquet de plantes sauvages*
> *À embrasser un arbre*
> *À regarder couler la rivière*
> *À sourire à un enfant*
> *À écouter la voix de ton artiste favori*
> *À arranger un plat de fruits*
> *À jouer avec un petit animal*
> *À te faire un jardin*
> *etc.*

### Ces petites bouées de la vie

*Au lever, le goût de vivre m'avait quitté.*
*Sur la table du déjeuner,*
*je contemple ma plante verte,*
*être fragile, discret et fidèle.*
*Sur ses feuilles et fleurs délicates,*
*j'accroche mon intérieur las et douloureux.*
*Surpris de l'effet que produit*
*ce simple geste,*
*je me lève tout léger pour aller au travail.*

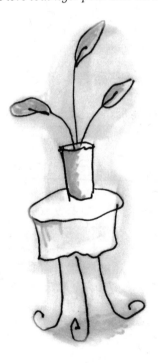

## Déterre ton vieux fond spirituel

Tu as besoin de retrouver
tes racines profondes en toi.
Reviens aux croyances religieuses
de ton enfance.
Redis les bouts de prière
qui autrefois t'apaisaient avant la nuit.
Relis les livres qui t'ont enseigné
des leçons de vie.
Retrouve tes toutes premières
sources d'inspiration.
Visite une chapelle,
un endroit religieux,
un lieu habité par Dieu.
Et si tu crois en lui,
interroge-le
sur ce qui se passe
dans ta vie.

**J'ai mal du bonheur des autres**

> Certains jours, le bonheur des autres me fait mal.
> Je supporte difficilement de voir
>> les familles heureuses,
>> les couples d'amoureux,
>> les amis qui rient ensemble,
>> les gens qui s'embrassent,
>> les personnes qui semblent
>> réussir en tout.
> Je me sens comme un orphelin
> que la vie a trahi.
> Je me révolte à l'intérieur.
> Le bonheur des autres,
> c'est du vinaigre sur ma plaie.
> Quand j'imagine que la personne
> qui m'a quitté est heureuse sans moi,
> ma brûlure devient intolérable.
>> Je perds la face, j'ai honte
>> et je veux m'isoler.

(Si tu vis ces sentiments à l'égard du bonheur des autres, rappelle-toi que l'herbe paraît souvent plus verte dans le champ du voisin.)

## Te venger : une solution?

La réaction naturelle à une blessure qu'on te fait subir est de te venger, c'est-à-dire de faire souffrir à son tour la personne responsable de ton désarroi affectif. La partie vengeresse en toi veut au nom de la justice faire partager également la souffrance.

Te venger par diverses manœuvres peut t'apporter un soulagement immédiat, mais hélas! de courte durée et à quel prix! Et as-tu réfléchi aux conséquences pénibles que tu auras à porter à la suite de ton geste de vengeance? Sentiment pénible de culpabilité, impression de salir ce que tu as aimé, peur de subir une contre-attaque, sensation de t'abaisser sur le plan humain, impossibilité de te détacher vraiment...

Crois-moi, la vengeance est un long chemin tortueux qui ne mène nulle part. C'est un peu comme s'acharner à faire revivre une relation déjà morte. Quelle énorme perte de temps!

Quelles sont les options autres que la vengeance? Régler les questions d'affaires comme le partage des biens, réduire au minimum les contacts et apprendre à vivre de façon autonome, voilà des gestes positifs qui favorisent un détachement définitif.

Laisse la personne qui s'est séparée de toi vivre ce qu'elle a à vivre et peu à peu chasse son image de ton esprit.

## La tentation du suicide

En proie à une grande souffrance, certains pensent au suicide comme moyen de s'en libérer. Ils disent :

« Je veux en finir avec cette souffrance. »
« J'ai envie de disparaître. »
« Je vais lui montrer jusqu'à quel point
il m'a fait mal. »

La personne suicidaire se sent tiraillée entre deux impulsions : celle d'opter pour une solution radicale en s'enlevant la vie; celle d'opter pour la vie malgré la souffrance à supporter.

Chez certains, l'idée du suicide origine d'une grande colère intérieure qui, au lieu de s'exprimer contre la personne qui les a blessés, se retourne contre eux. Si c'est ton cas, prends contact avec cette rage et exprime-la sainement : frappe un oreiller, fais un dessin de ton offenseur et déchire-le, frappe du pied...

D'autres pensent qu'en attentant à leur vie ils pourront punir la personne qui les a quittés. Il existe un bien meilleur moyen de se venger contre celle-ci, c'est de lui montrer que l'on peut guérir, améliorer sa qualité de vie et être heureux sans elle.

Enfin, dans plusieurs cas le suicide se veut un appel au secours. Mais il existe d'autres moyens plus efficaces et moins dommageables d'appeler au secours. Plusieurs aidants sont là pour secourir : parents, amis, urgence des hôpitaux, Tel-Aide, etc.

Si tu te poses la question du suicide, crois-moi, il n'est pas une réponse à ton drame. Certes, le suicide demeure une option, mais combien coûteuse et destructrice.

## Pensées réconfortantes

*Un malheur plus grand encore que d'être frustré de son désir, c'est bien celui de voir son désir comblé.*

*(Proverbe arabe)*

*L'âme n'aurait pas d'arcs-en-ciel si les yeux n'avaient pas de larmes.* *(Dicton anglais)*

*Je comprends que Jésus nous ait demandé de pardonner soixante-dix fois sept fois, car je n'en finis plus de pardonner à la personne qui m'a blessé.*

*La cliente : « Depuis la mort de mon mari, ma vie ressemble à un sablier vide. »*
*Le conseiller : « Qu'est-ce qui vous empêche de retourner votre sablier? »*

*Saviez-vous qu'au milieu de la nuit, sous la pleine lune, des chutes s'entourent d'arcs-en-ciel?*

*« Si votre cœur venait à vous condamner, souvenez-vous que le cœur de Dieu est plus grand que le vôtre. »*

*(Saint Jean)*

## Te sentir mal maintenant
## pour te sentir mieux plus tôt

Plus vite tu cesseras de nier ta blessure affective, plus vite tu pourras la « digérer » et t'en libérer.

Je connais plusieurs histoires de personnes qui ont attendu beaucoup trop longtemps avant de se libérer de leur peine et de revenir à la joie de vivre. En voici quelques exemples.

Après la mort de sa mère, Jacques a souffert d'états dépressifs pendant vingt ans. Apprendre à faire son deuil et à dire adieu à sa mère l'a libéré de ses états dépressifs.

J'ai connu une maman qui pendant des années attendait la réincarnation de son enfant de neuf ans mort lors d'une intervention chirurgicale. Elle le cherchait sans relâche chez les bébés et les enfants qu'elle rencontrait. Elle négligeait sa famille. Elle en devint presque folle. À la fin, elle accepta de reconnaître que son enfant était bel et bien mort et qu'elle le reverrait seulement dans l'au-delà.

J'ai accompagné des parents qui durant dix ans n'avaient jamais osé aborder le sujet de la mort subite de leur bébé dans le berceau. Quand ils purent parler ouvertement de leur peine, accepter la réalité de la mort de leur bébé, ils purent se libérer de leur culpabilité. Ils connurent une nouvelle intimité dans leur mariage.

Veux-tu, toi aussi, attendre si longtemps et perdre de belles années de ta vie? Jusques à quand auras-tu besoin de cacher ton malaise, de nier ta peine et de vivre dans la « déprime »?

## Guérir

*C'est se souvenir d'avoir aimé*
*sans en recevoir un grand coup au ventre.*

*C'est respirer sans les tensions*
*des sanglots étouffés.*

*C'est avoir la gorge libérée*
*d'une grosse boule de tristesse.*

*C'est sortir de la longue incubation*
*de la souffrance.*

*C'est naître à un monde nouveau*
*insoupçonné jusque-là.*

*C'est être capable de vivre seul*
*sans se sentir esseulé.*

## Une souffrance intermittente

Pour un certain temps encore, tu peux t'attendre à connaître des hauts et des bas dans ta vie émotionnelle.

Tu vivras des périodes d'accalmie; tu réussiras à oublier en te tenant occupé. Parfois, tu auras même l'impression que ton deuil s'achève. Puis, d'une façon subite et inattendue, l'angoisse et la peine referont surface et s'empareront de toi avec leur cortège de ruminations et de souvenirs malheureux.

Les fins de semaine, les jours de fête et d'anniversaires, un paysage, un endroit, un événement, une mélodie, et te voilà de nouveau plongé dans l'affliction. Si tu t'en sens capable, il serait salutaire de demeurer avec ces états d'âme, si pénibles soient-ils, pour peu à peu les laisser se résorber. Si tu ne t'en sens pas la force, prends les moyens pour ne pas te laisser envahir et accabler inutilement. Un bon moyen de le faire serait de chercher à te distraire, car il est parfois sage de prendre congé de son deuil.

## Il est permis de te fâcher

Malgré les tabous sociaux contre la colère, il t'est permis de l'exprimer pendant ton deuil. Il est bon de se rappeler que l'émotion de colère est tout autre chose que la haine ou le ressentiment. L'une de ces différences se trouve dans le fait qu'une fois exprimée la colère s'évanouit, tandis que le ressentiment n'en finit plus de ronger le cœur et de faire surface, surtout s'il est entretenu.

Dès lors, laisse monter ta colère. À la personne aimée qui est partie de ta vie, permets-toi de dire la peine occasionnée par son départ et ton état d'irritation d'avoir été laissé seul, d'avoir été obligé d'assumer les responsabilités dont elle s'acquittait jusque-là, d'avoir été forcé à grandir et à mûrir trop rapidement.

Si c'est le cas, ne te gêne pas pour te fâcher contre les conventions sociales, le destin, Dieu, ceux qui nuisent à ton deuil, ceux et celles qui s'éloignent de toi.

Ne te limite pas à seulement laisser monter ta colère, trouve-lui des exutoires comme des exercices physiques vigoureux, taper sur un oreiller, un matelas, crier à tue-tête dans un endroit désert, etc.

Si tu peux ressentir la colère et l'exprimer sainement, considère-toi chanceux. Tu pourras ainsi sauvegarder ta santé mentale. Beaucoup trop de personnes endeuillées refoulent leur colère qui se transforme en culpabilité, en angoisse et en dépression.

## Laisser s'envoler le dernier espoir

Le dernier espoir de retrouver ton amour ne se laisse pas déraciner facilement. Il s'accroche à ton cœur, il hante ton esprit, il te fait rêver à une réconciliation éventuelle, se nourrit de tous les indices de rapprochement possible... Mais peut-on rallumer le volcan éteint, faire fleurir le désert, raviver la plante qui se meurt?

Efforts de retrouvailles souvent futiles et inutiles, de surcroît pénibles, qui retardent la guérison.

Certains te diront qu'il est possible de vivre en amis après avoir vécu un grand amour. Il n'est sans doute pas impossible de le faire, mais à trois conditions : à condition d'avoir fait le deuil de ta relation amoureuse, de t'être réconcilié avec toi-même et d'avoir pardonné à l'autre. Maintenir une relation d'amitié tout de suite après la séparation est un geste prématuré qui t'empêche de sortir des vieilles ornières de ta relation amoureuse.

Investis dès lors tes énergies dans ton travail de guérison, découvre de nouveaux amis, redécouvre les anciens, forme de nouveaux projets.

Parfois, tu auras une envie folle de recontacter la personne que tu as décidé de quitter. Accueille cette envie sans y céder. Rappelle-toi les vains efforts que tu as déjà déployés jadis pour récupérer l'irrécupérable. Demande de l'aide à un ami pour qu'il t'appuie dans ta décision de poursuivre ton deuil.

Quand tu auras une envie folle de faire revivre les joies du passé, rappelle-toi ces paroles d'un sage : « La vie ne se répète jamais. »

## Attention aux fuites dans la santé

Déjà, tu te sens mieux. Tu trouves ce nouvel état d'âme très agréable. Tu seras tenté de te lancer dans des activités ou des rencontres qui exigent trop de tes forces renaissantes.

Il arrive souvent que des personnes en train de faire le deuil d'une relation amoureuse veuillent se lancer dans une nouvelle aventure romantique. Question de refaire leur image sociale, surtout si elles ont été quittées, de se prouver qu'elles sont encore aimables et désirables, histoire de mettre un peu de baume sur leur plaie ou encore de prouver à « l'autre » qu'elles peuvent encore « accrocher ».

Rappelle-toi que tu es encore en convalescence. Tomber amoureux trop tôt après un décès ou un divorce crée une surcharge et des conflits d'émotions, ta dernière relation n'étant pas terminée. C'est le cas d'un de mes amis qui, deux mois après la mort de sa femme, s'était épris d'une compagne de travail. Il me répétait : « Jean, je vis trop de choses à la fois ; je suis sur le bord d'un *burnout*. »

Économise l'énergie que tu es en train de récupérer ; respecte une routine quotidienne ; suis avec patience et admiration la lente évolution de ta guérison.

Appuie-toi sur des amitiés discrètes et simples. Tes amis te rappelleront qui tu es et t'aideront à redécouvrir les richesses de ta personnalité. Ils te feront prendre conscience que, malgré ton malheur, tu demeures une personne aimable et le goût d'aimer te reviendra.

## Pourrai-je aimer encore?

À la suite d'un échec amoureux, une de mes clientes affirmait : « Non, je ne pourrai plus jamais aimer. » Cette jeune fille, à la suite d'un chagrin d'amour, exprimait un sentiment identique à celui de sa mère qui essayait de la consoler : « Je ne veux plus entendre parler d'amour; je suis convaincue que Dieu a créé l'amour seulement pour torturer le cœur des humains. »

Si tu as jugé utile de poursuivre jusqu'ici la lecture de ce livre, n'est-ce pas là un signe que tu désires résoudre ton deuil, guérir et revivre? Il se peut que tu te sentes encore hésitant à croire l'amour encore possible pour toi. Tu n'as pas perdu le goût d'aimer à nouveau, mais tu crains de revivre l'expérience douloureuse de l'amour.

Viendra cependant un jour où, guéri, tu retrouveras la confiance en toi-même et l'assurance de pouvoir aimer encore. Mais cette fois, tu sauras plus clairement qui et comment tu désires aimer.

# Je fais plus le deuil de mes rêves que de toi

*Plus je te laisse partir de ma vie,*
*plus je t'arrache à moi*
*comme une peau brûlée.*
*Plus je laisse s'évanouir ton souvenir,*
*plus je prends conscience*
*que c'est moins toi que je quitte*
*que mes rêves.*
*Comme l'ingénieur qui ramasse ses plans,*
*comme le décorateur qui défait ses décors,*
*il me faut peu à peu remiser mes rêves :*
>   *vivre avec toi pour la vie,*
>   *travailler aux mêmes projets,*
>   *réussir notre vie de couple,*
>   *vieillir ensemble.*
*Oui, tu peux partir.*
*Mais qu'est-ce que je vais faire*
>   *de tous ces rêves,*
>   *douloureux inventaire?*
*Ils sont là, pellicules de film pêle-mêle,*
*échappées de leur bobine.*

## Pour ceux qui croient dans la prière

Au cours de ton deuil, la prière peut être d'un grand réconfort. Le Dieu d'amour, malgré son absence apparente, se tient à l'orée de ton âme. Ne cherche pas de longues formules de prière; tu n'as qu'à prier en lui confiant ton état de détresse, en lui racontant comme à un ami ce que tu vis. Tu pourras aussi t'aider de courtes prières vocales connues ou de certains psaumes qui décrivent des états d'âme similaires aux tiens.

Permets-moi de faire une mise en garde contre l'utilisation de la prière à la personne disparue comme un prétexte pour ne pas la laisser partir de sa vie. J'ai rencontré ce phénomène de résistance au deuil chez certains qui s'exprimaient ainsi : « Depuis sa mort, je le prie tous les jours de venir m'aider » ou encore « Je la sais présente avec moi dans la prière. »

Faudrait-il alors s'abstenir de prier les défunts? Bien sûr que non, mais à condition de respecter un temps d'absence pour les laisser partir. Cela peut prendre une moyenne de neuf mois, le temps d'une naissance. Entre temps, on adressera ses prières à Dieu pour qu'il aide l'être cher disparu.

Certains lecteurs pourront être heurtés par une telle mise en garde. Au risque de me répéter, je redis la nécessité d'entrer dans son deuil pour se détacher de la personne aimée de manière à ce que l'on puisse établir une nouvelle relation avec elle et vivre d'une nouvelle présence.

## Prière au Dieu silencieux

Voici la prière d'un homme affligé de plusieurs deuils à la fois :

*Parfois, mon Dieu, je me fâche contre toi.*
*Pourquoi cette souffrance?*
*Pourquoi moi?*
*Pourquoi à ce moment-ci de ma vie?*
*Je te trouve bien silencieux.*
*À d'autres moments, je me calme.*
*Je voudrais alors savoir*
*    ce que tu veux me dire dans cette épreuve,*
*    quelle vérité tu veux m'enseigner.*
*Je sais que tu as quelque chose à me révéler.*
*Je deviens impatient devant ton mutisme.*
*Je trouve que tu mets bien du temps*
*à me répondre.*

## Mon bateau à la dérive

Mon bateau avançait en eaux calmes.
Il filait son petit bonheur sans histoire.
Tout à coup, une bourrasque imprévue
le surprend, change son cours,
menace de le faire chavirer.
Les voiles se mettent à se débattre follement.
Les haubans vibrent à craquer.
La coque se penche dangereusement
sur les eaux.
J'ai perdu la maîtrise de mon bateau.
Je ne suis plus le capitaine à bord.
Mon bateau n'obéit plus
à mes manœuvres.
Ivre sous la vague en déroute,
il roule, titube, dérive,
bondit sans horizon précis.
Désespéré, je m'accroche au gouvernail.
Après des moments d'angoisse,
le vent se laisse apprivoiser.
Celui-là même qui voulait me jeter à la mer
gonfle les voiles et me conduit
au port tranquille.

### Que faire avec tes souvenirs?

Les souvenirs que tu conserves de la personne disparue gardent son âme en quelque sorte présente en toi.

Au début de ton deuil, ses objets, ses lettres, ses photos, etc., t'aident à vivre. Ils te rappellent la présence de l'absent.

Après quelque temps, tu t'aperçois que ces souvenirs perpétuent chez toi une présence douloureuse de l'autre. La personne est là, et elle ne l'est pas.

Alors, si tu t'en sens le courage et si tu veux faire progresser la résolution de ton deuil, place les photos dans un album ou dans un tiroir; donne, vends ou jette les objets qui ont appartenu à la personne qui t'a quitté.

Pour t'éviter que la séparation d'avec ces objets ne soit ressentie comme trop définitive, il te suffit de conserver une ou deux choses, par exemple une photo, un bibelot, un disque, un bijou, etc. Ces objets sont appellés « objets de transition ».

## Marché aux puces

*Je consentirais à laisser partir*
*ces articles à bon prix :*

*les nouvelles et les pleines lunes,*
*les vendredis soirs et les dimanches,*
*la musique d'intimité,*
*les paysages d'automne,*
*la couleur de ses cheveux,*
*les pique-niques,*
*les longues conversations,*
*le bruit de ses pas,*
*la sonnerie de son coup de fil le soir.*

*Avis aux intéressés.*
*J'ai beaucoup d'autres « souvenirs »*
*encombrants à échanger.*

**Laisse-toi vivre ce que tu as à vivre**

Pour un certain temps encore, tu peux te permettre de vivre ta « déprime ».

Tu n'as pas à jouer à la personne forte et débordante d'enthousiasme pour faire plaisir à ton entourage.

Il est sage de continuer à te protéger des événements trop envahissants.

Laisser monter les pleurs quand ils veulent bien faire surface. Une émission de télé, un événement, une rencontre… peuvent les déclencher. Profite de ces moments de grâce pour pleurer. Dans l'évolution de ton deuil, les larmes sont sources de purification et, par suite, de détente.

En t'ouvrant peu à peu à l'expérience de ton monde émotif, tu constateras comment les émotions sont passagères et changeantes : elles apparaissent, changent, se transforment en d'autres émotions.

Laisse-toi emporter par leur danse. Vis-les, puis laisse-les s'évanouir. Le flot de la vie émotionnelle se renouvelle sans cesse.

## Le ballet des sentiments

*La noire dépression se met à tourner autour de moi.*
*L'impuissance jaunâtre se traîne lourdement.*
*La colère rouge, en grognant, retient ses élans.*
*La peine bleuâtre craindrait de troubler la ronde*
*si elle éclatait.*
*L'amour en vert, encore tout honteux,*
*marche sur la pointe des pieds.*
*Sur un décor de grisaille,*
*ils viennent faire leur pas de danse et disparaissent.*

## Sois accueillant envers toi-même

Reçois-toi avec la gentillesse que tu montrerais à un ami mal en point.

Sois accueillant et hospitalier envers toi-même.

Accepte, pour un certain temps, de ne pas être aussi efficace qu'auparavant. Tu as encaissé un dur coup et tu en subis encore les effets.

Comme un blessé en convalescence, calcule ton énergie, évite les situations pénibles, remets à plus tard les décisions importantes et éloigne-toi des personnes trop « toxiques ».

Ce que tu vis est temporaire. Tu reviendras peu à peu dans le circuit normal de la vie avec encore plus de vigueur.

Surtout, évite de te blâmer pour les fautes du passé. Le passé n'existe plus. Tu as alors fait ce que tu croyais être le mieux pour toi.

Les erreurs n'ont pas toujours des effets négatifs; elles peuvent t'enseigner ce qu'il te faudra éviter dans l'avenir et, dès lors, devenir une source d'informations pour mieux vivre.

## Je fais du progrès

*Je pensais à toi toutes les minutes*
*et j'en étais tout triste.*
*Actuellement ton souvenir m'arrive*
*toutes les heures*
*et j'en suis moins accablé.*
*Viendra un temps où je ne penserai plus à toi*
    *pendant toute une heure*
    *pendant toute une journée*
    *pendant toute une semaine.*
*J'aurai alors beaucoup plus de place*
*pour « me » vivre à l'intérieur.*

## La souffrance t'a rendu plus vivant

La souffrance n'est pas bonne en soi, je le répète. Mais constate ses effets positifs, comme de te déloger de ta quiétude béate ou de te secouer de ton embourgeoisement.

La vie t'avait choyé jusqu'ici. Tu en avais surtout les douceurs, sans trop en connaître les amertumes. Une certaine léthargie s'était emparée de toi. Puis, ce fut le dur réveil : perdre un être cher. Avec lui, tu perdais en partie ta joie de vivre. Maintenant, ton état de manque peut t'aider à retrouver et à goûter à nouveau les petites joies de la vie.

Prends conscience de ta nouvelle sensibilité aux personnes, aux événements, aux êtres vivants et aux choses.

Le vert des arbres
Le sourire de la compagne de travail
La chaleur de la poignée de main
L'intensité de l'enfant pris à son jeu
La course des nuages dans le ciel
La nostalgie de la pluie
Les bouts de prières qui se disent en toi
Les chansons d'amour heureux et malheureux

Eh oui! La souffrance bien vécue avive les sens, t'ouvre à l'accueil, te fait voir le réel sous un jour nouveau et te facilite la communion avec les autres.

Heureux les cœurs purs (ou purifiés), ils posséderont le monde.

## J'ai la peau sensible

Travaillé par le mal de l'absence,
j'ai eu peur de ne plus pouvoir aimer,
    de ne plus pouvoir communier,
    de ne plus pouvoir faire confiance.
Je promène ma cicatrice avec précaution.
Mince est l'épaisseur de la peau sur la plaie.
Je crains toujours qu'on ne me l'écorche.
Je suis méfiant.
Tout en désirant être consolé,
je ne veux pas qu'on s'approche de trop près.
Je veux qu'on me comprenne,
mais je ne veux pas par ailleurs me dire.
Je ne fais pas encore confiance.
Je désirerais m'avancer,
mais j'ai peur qu'on me rejette.
Amis, comprenez-moi malgré mes contradictions.

## La tristesse commandée

Parfois, on se laisse influencer par l'idée que plus on se sent triste et anéanti par la perte d'un être cher, plus on fait preuve d'un grand amour à son égard.

À la rigueur, se laisser mourir de chagrin serait la preuve suprême de la profondeur de son amour; continuer à vivre et à bien vivre serait faire preuve d'un amour hypocrite, voire de surface.

Que faut-il penser de cette croyance sociale? Disons qu'en plus de forcer à prolonger indéfiniment le deuil, elle s'avère être une fausse conception du deuil et de l'amour. Ceux qui sont influencés par une telle croyance semblent plus préoccupés de répondre aux attentes de l'entourage que de vivre leur deuil.

Il en est de même pour ceux et celles qui affichent un comportement de « pauvre de moi » pour attirer l'attention ou la compassion. Nul n'est besoin d'user d'un tel stratagème, on peut tout simplement manifester aux parents et amis son besoin de sympathie et d'appui.

Il y a une grandeur et une beauté dans la tristesse, pourvu qu'elle soit vraie, authentique et passagère.

**Être fidèle à ton amour**

Être fidèle à l'amour d'un être cher décédé ne signifie pas que tu doives perpétuer la peine ou t'anéantir dans la tristesse.

Crois-tu que la personne regrettée te demanderait cela? Sans doute que non. Pour le vérifier, mets-toi en sa présence et demande-lui ce qu'elle attend de toi maintenant qu'elle est partie. Laisse-la te parler et écoute :

« ........................................................................

........................................................................

........................................................................

........................................................................ »

Espérons que la voix intérieure qui se sera fait entendre au cours de ce dialogue t'aura donné des orientations précises pour bien vivre ton deuil et continuer à vivre. Sois assuré que celui ou celle qui t'a quitté, tout en étant encore présent, désire que tu lui survives heureux, ouvert à l'avenir et plein de projets.

Au lieu de t'abîmer dans la tristesse, commence à intégrer en toi la conscience de la personne aimée avec tous ses talents et qualités.

## Laisse-toi guérir à ton rythme

Les théories sur la durée et les étapes d'un deuil t'aident à mieux cerner là où tu es rendu dans la résolution de ton deuil. Rappelle-toi cependant que ton deuil est unique. Personne ne l'a vécu et personne ne le vivra comme toi. C'est à ta manière et à ton rythme que tu le vivras.

Parfois, ton entourage sera tenté de t'imposer de vivre ton deuil à sa façon. Certains, incapables de supporter la souffrance, auront tendance à t'inciter à ne pas pleurer, à oublier, à accepter, à te distraire.... D'autres t'inviteront à perpétuer le souvenir de l'absent, à partager la peine, à guérir selon le cheminement précis des étapes du deuil. Quant à toi, ne cherche pas à réaliser des performances dictées par les autres. Fie-toi à ton guérisseur intérieur. Il sait comment renaître d'un deuil, comme il sait qu'au-delà de la mort se trouve la renaissance à une vie nouvelle.

## Je suis sur la bonne voie

*Je rumine moins ma peine.*
*Je suis moins vulnérable.*
*Je commence à admirer la nature autour de moi.*
*Mes pensées deviennent plus claires;*
*mon jugement, plus sûr;*
*mes sentiments, plus stables.*
*Ma concentration est revenue.*
*J'éprouve plus de satisfaction à mon travail.*
*Je redécouvre des visages que je ne voyais plus.*
*Je goûte à la vie.*
*Je me laisse surprendre par de petites joies.*
*J'ai envie de partager ma joie.*
*De moi, émerge une vie que j'ignorais.*

## Faut-il être « enfanté » dans le deuil?

Comme pour entrer volontiers dans la mort il faut se sentir aimé, ainsi en est-il pour faire son deuil. C'est ce que nous fait voir le film « Cris et chuchotements » d'Ingmar Bergman. Une femme à l'agonie n'en finit plus de mourir, car avant de s'abandonner à la mort elle a besoin qu'on lui témoigne de l'affection. Ses deux sœurs, prises de panique devant la moribonde, se sentent incapables de lui apporter le réconfort qu'elle demande. Elle ne peut mourir avant d'avoir été entourée d'affection. À la fin, c'est la servante, une modeste paysanne peu instruite, qui, n'écoutant que son instinct, la tient dans ses bras et lui donne le sein. La mourante rassurée se détend et se laisse aller dans l'au-delà.

Ainsi en est-il dans le deuil. Tous ceux et celles qui vivent une grande perte ont besoin de se savoir soutenus et aimés pour s'abandonner à leur douleur et laisser libre cours à leurs émotions.

À tous ceux-là qui ne se sont pas sentis rassurés au moment de quitter un être cher ou d'être quittés, j'aimerais apporter un soutien affectif par mes paroles afin qu'ils puissent entrer avec confiance dans le deuil.

## Quelqu'un vous aime

À l'époux ou à l'épouse qui perd son conjoint sans avoir
pu échanger un dernier message d'amour,
À l'homme et à la femme qui se sont séparés sur des
paroles dures et cruelles,
Aux parents qui ont perdu un enfant,
À la personne obligée d'abandonner son travail,
À la femme qui voit s'évanouir ses rêves de maternité,
À l'homme adulte attristé de ne pas avoir « réussi sa vie »,
À l'enfant que l'on « trimbale »
d'un foyer d'accueil à un autre,
À ceux qui ont perdu un être cher
sans avoir pu lui dire adieu,
À l'amoureuse ou à l'amoureux trahi et délaissé,
Au jeune adulte qui quitte le foyer
en claquant les portes,
À la mère célibataire qui se sépare de son enfant,
Au vieillard qui sent ses forces diminuer,
À tous ceux et celles qui vivent des pertes,
Je déclare : « Tu es grand; tu es important.
Ton amour blessé se changera en joie. »
Je t'aime et je t'embrasse.

*Jean*

(Tous les jours, je pense à mes lecteurs et je prie
pour eux.)

# 6e partie

## J'ai grandi

## Grandir

M'attacher à toi
a mis au jour et mon égoïsme et ma générosité,
m'a permis de développer et ma tendresse
et ma froideur,
m'a fait prendre conscience et de ma sexualité
et de ma spiritualité,
m'a fait connaître et l'enfant et l'adulte en moi.

Me détacher de toi
m'a fait explorer et ma tristesse et ma joie,
m'a fait connaître et la détresse
et la force d'en sortir,
m'a fait découvrir et ma dépendance
et mon autonomie,
m'a révélé et ma peur de mourir
et mes ressources de vie.

« Non, rien de rien,
non, je ne regrette rien! »

## Parce que tu as aimé, tu n'es plus le même

Tu n'es plus le même parce que tu as aimé.

L'amour et la souffrance t'ont initié à porter un regard nouveau sur le monde.

Tu es devenu plus sensible à la souffrance des autres, et tu en as moins peur.

Tu peux t'engager davantage, tout en connaissant mieux ta vulnérabilité.

Tu as appris à t'investir dans l'amour sans t'y perdre.

Tu jouis d'une nouvelle estime de toi-même.

Tu commences à te sentir prêt à aimer de nouveau.

## Riche d'un trésor inconnu

Je traînais, honteux, le sac vidé de mes amours.
Mendiant malheureux, je cherchais consolation
et appuis.
Les gens me fuyaient, craignant reconnaître en
moi leur pauvreté.
Sur mon chemin, une bonne sorcière m'invita
à regarder dans mon baluchon vide.
J'avais beau le tourner et le retourner,
je n'y découvrais rien.
Elle m'encouragea à l'examiner de plus près.
À ma grande surprise, j'y ai découvert
un immense désir d'Absolu.
J'ai alors compris qu'au-delà des « petites faims »
il existe une « grande faim »
que seul le Bonheur peut combler.
Depuis lors, mendiant heureux,
je porte plus allègrement le sac lourd de rêves.

## La trahison peut-elle te faire grandir?

Quand la personne aimée n'a pas répondu à tes attentes, quand elle n'a pas respecté les règles du jeu et t'a abandonné, tu te sens trahi. Quelque chose en toi s'est cassé, s'est brisé, tu ne peux plus faire confiance à personne.

C'est là un sentiment qu'on retrouve fréquemment chez les personnes qui s'aiment, et particulièrement entre époux et membres d'une même famille.

*« Voici comment il me traite, après tout ce que j'ai fait pour lui. »*
*« Tu as changé au point où je ne te reconnais plus. »*
*« Mes parents ne me comprennent pas... »*
*« Comme les enfants sont ingrats! »*

Nos affections nous placent en équilibre constant entre deux besoins, d'une part celui de nous approcher et de dépendre et, d'autre part, celui de nous éloigner pour sauvegarder notre autonomie croissante. Toute séparation mal préparée et réalisée entraîne avec elle une forme de trahison.

Dans ton cas, peux-tu concevoir que cette trahison puisse te faire évoluer? Tu ressembles à cet oisillon, encore peu sûr de la force de ses ailes, que la mère pousse en dehors du nid chaud. Délogé d'une relation confortable, sauras-tu profiter à plein de l'expérience? Nouveaux départs, nouveaux défis, découverte de tes ressources encore inexploitées!

## Stratégie pour bien vivre les jours de fête

Souvent, les anniversaires et les jours de fête sont pénibles à vivre durant la période de deuil, car ils rappellent trop l'absent et les joies anciennes disparues à tout jamais. Même ceux qui sont avancés dans leur deuil éprouvent, en particulier aux anniversaires, une pointe de tristesse temporaire.

Un ami psychologue, qui accompagne beaucoup de familles en deuil, leur demande de prévoir la façon dont elles vivront les anniversaires et les fêtes de famille. Il leur recommande de faire, avant les jours de fêtes familiales, une session de deuil de la manière suivante : il les invite à ouvrir les albums de photos, à évoquer le souvenir du disparu, à échanger leurs sentiments, à se laisser pleurer et à se consoler. Une fois la session terminée, mon ami leur « donne la permission » d'ignorer leur peine et de jouir de la fête sans culpabilité.

## De l'isolement à la solitude

À la suite de ta blessure, que choisiras-tu? L'isolement ou la solitude?

As-tu tendance à t'isoler et à te replier sur toi ou préfères-tu te retirer dans le silence pour mieux te retrouver?

Sais-tu faire la différence entre l'isolement stérile et la solitude féconde?

Le tableau de la page suivante présente quelques critères qui t'aideront à discerner l'un de l'autre et à savoir où tu te situes.

| L'isolement, c'est... | La solitude, c'est... |
|---|---|
| La peur des autres et l'ennui éprouvé d'être seul avec soi-même | Le retrait pour être plus présent à soi-même |
| Un système de protection contre toute intrusion possible | Le besoin de se recueillir pour se faire de la place à l'intérieur |
| Le désarroi et la confusion de son moi intérieur | La recherche de la paix intérieure entre ses différents « moi » |
| Les ruminations et le verbiage intérieurs | Le silence intérieur fait de Présence |
| L'angoisse devant sa fragilité et la peur d'un nouveau rejet | L'acceptation de sa vulnérabilité et de sa dépendance des autres |
| La fermeture aux autres par peur d'être agressé | L'intimité à soi-même qui permet l'ouverture aux autres |
| Des moments d'agitation intérieure | L'harmonie des diverses parties de soi |

**Du désert à l'oasis intérieure**

On a appris dès l'enfance qu'être seul était « le pire de tous les maux ». Combien de fois n'a-t-on pas craint de ne pas être choisi par le groupe, d'être abandonné ou rejeté? À la seule pensée de se retrouver seuls, plusieurs s'effondrent ou régressent, tandis que d'autres s'enferment dans une indépendance frileuse pour ne plus subir de rejet.

Pour explorer les richesses de ton intériorité, il te faudra surmonter la peur de la solitude et apprendre à rester seul.

Dans les moments voulus de retrait, prends le temps de rester avec toi-même en surmontant l'envie de te « divertir » (télévision, musique, foules, boissons, nourriture, etc.).

Fais l'expérience de ton monde intérieur, de ses sensations, de ses paroles et de ses images.

Va encore au plus profond de toi-même, à la source de ton être. Tu y trouveras la paix, le silence, la Présence.

Il se peut qu'au départ tu rencontres beaucoup de souffrance et de désarroi, mais si tu persévères dans ta recherche, tu trouveras à la fin la lumière et la chaleur.

Ta solitude sera ton amie et tu affirmeras comme le poète : « Non, je ne suis jamais seul avec ma solitude. »

## L'échec n'existe pas dans la vie

La vie n'est pas une partie d'échecs. Tu ne seras donc jamais échec et mat. Quelle que soit la perte que tu subisses, tu pourras toujours rebondir.

Le vrai perdant dans la vie, c'est celui qui s'immobilise et s'écrase à la suite d'un coup dur. Il continue alors de perdre.

En revanche, le « gagnant », c'est celui qui a décidé de profiter au maximum de l'« accident de parcours » subi. Même affligé par un deuil, il songera à faire l'inventaire des avantages qu'il peut en tirer :

Meilleure connaissance de lui-même
Plus grande compréhension de la souffrance
des autres
Plus grande liberté
Meilleure acceptation de sa vulnérabilité
Prise de conscience qu'il n'a pas à être « parfait »
Compassion pour les erreurs des autres
Découverte de ses forces de guérison
Apprentissage de l'art de savoir « quitter ».

Si tu sais profiter de cette façon de ton épreuve, tu ressembleras à ce savant qui d'une erreur fait une grande découverte, au peintre qui à partir d'une tache réussit un chef-d'œuvre, au musicien à qui un « faux » accord suggère le thème d'une symphonie.

La vie ne ressuscite-t-elle pas toujours d'une mort apparente?

## Un sourire intérieur

*En moi,*
*un grand sourire*
*s'amorce,*
*se met à vibrer,*
*prend de l'espace,*
*s'anime en silence,*
*irradie dans tout mon être,*
*éclaire ma vie,*
*parce que j'ai aimé*
*et que j'ai le goût*
*d'aimer encore.*

## Le moment est propice au changement

Maintenant que tu te sens mieux, que le passé devient un souvenir, que l'avenir s'ouvre devant toi, prends conscience de ta nouvelle liberté : tu n'es plus prisonnier des liens de la situation antérieure. Fais les ajustements utiles pour bien vivre.

Rappelle-toi certains de tes rêves oubliés et demande-toi s'ils ne seraient pas réalisables maintenant. Ressuscite ton intérêt pour les projets que tu as toujours caressés sans pouvoir les actualiser.

Entreprends des études
Fais-toi de nouveaux amis
Décore ton appartement
Planifie un voyage
Joins-toi à un groupe qui partage tes intérêts
Adopte un nouveau style vestimentaire
etc.

Tu sauras qu'un projet te convient si tu le trouves à la fois exaltant et épeurant.

### J'ai reconnu en l'autre ma propre tristesse

Mon cœur baignait dans l'amertume,
plaie ouverte et pleine d'écume,
source empoisonnée.
Je vivais plein d'agressivité.
Pardonner ou tenter de me réconcilier
me donne l'impression de me trahir.
Seule l'action de me venger
me sauverait de l'humiliation.
Revoir la personne qui m'a blessé,
impossible, je l'éviterai.
Mais quand j'ai eu le courage de la voir,
son regard m'a bouleversé.
Dans ses yeux, j'ai reconnu ma tristesse,
ma dépression et mon reste de tendresse.
Depuis, ce regard me hante,
il me révèle trop mes propres sentiments.
Mon cœur se laisse émouvoir.
Sa haine lâche prise.
Sa dureté s'attendrit.
La compassion l'aurait-elle envahi?

## Je suis fier de moi

*Quand ma plaie était encore vive,*
*je voulais à mon tour te faire mal,*
*comme un enfant humilié*
*qui tape sur un plus jeune.*
*J'aurais voulu que ton remords*
*soit aussi intense que ma souffrance.*
*J'aurais aimé te traîner au banc des accusés,*
*révéler au monde entier ta « trahison ».*

*J'ai évité le chemin de la vengeance*
*et je suis fier de moi.*
*J'ai vécu ma colère sans chercher à te punir.*
*J'ai compris qu'il était inutile de me venger.*

*Je suis fier de moi.*
*J'ai demeuré avec ma blessure,*
*je l'ai soignée et je l'ai guérie.*

*Je suis fier de moi.*
*Je n'ai pas consenti à abîmer*
*ce que j'ai tant aimé.*

## Me pardonner

*Je voudrais me pardonner*
*d'être fragile*
*d'être imprudent en amour*
*de penser m'être trompé*
*d'être trop vulnérable*
*de ne pas assez prévoir*
*d'être en souffrance*
*de faire des rêves impossibles*
*de me retrouver seul et frustré*
*de vouloir aimer encore.*
*En un mot,*
*je voudrais me pardonner*
*d'être seulement humain.*

## Pardonner

Le pardon, c'est un geste de roi ou de reine.
Dès que tu t'en sentiras capable, pardonne à l'autre.

Pardonner,
ce n'est pas oublier l'offense ou l'abandon,
ce n'est pas excuser l'autre,
ce n'est pas nier ses émotions et ses sentiments,
ce n'est pas l'effet d'un coup de volonté,
ce n'est pas nécessairement
se réconcilier avec l'autre.

Pardonner,
c'est d'abord se libérer
du désir de vengeance
et du ressentiment,
c'est reconnaître à l'offenseur la capacité de grandir,
c'est reconnaître la joie des pardons reçus des autres,
c'est libérer l'autre de sa dette et lui vouloir du bien,
c'est demander la grâce d'aimer
au-delà du premier amour.
Si tu parviens à pardonner,
tu te transformeras alors
en roi ou en reine.

### Lui pardonner

*Pardonne-lui*
*d'être parti,*
*d'être parti trop tôt,*
*d'être parti à l'improviste,*
*d'être parti sans avoir dit adieu,*
*d'être parti sans avoir déclaré son amour,*
*d'être parti sans avoir accompli ses promesses,*
*d'être parti avec une partie de ta vie,*
*d'être parti avec tes rêves d'avenir.*

## Me faire confiance pour faire confiance

Le départ de l'être aimé avait ébranlé ta confiance, confiance en toi et confiance dans les autres.

Au temps de la rupture, tu as peut-être vécu un abandon ou même un rejet, tu t'es imaginé devoir « prouver » que tu étais encore aimable et capable d'être aimé.

Maintenant, tu sais que tu n'as rien à « prouver ». Peu à peu, tu découvres toute ta valeur. Cette nouvelle prise de conscience t'aidera à accueillir les personnes et à refaire ta vie sociale.

Sors de chez toi, frotte-toi au monde,
redécouvre tes voisins, tes compagnons de travail.
Joins-toi à un groupe, à une communauté sympathique.
Invite les gens à prendre le café.
Échange des renseignements, des services.
Écoute; les gens aiment tellement parler d'eux-mêmes!

## Tu apprends à mieux vivre
## les pertes inévitables de la vie

Nombreux sont ceux qui n'ont jamais appris à faire leur deuil. Ils vivent écrasés par toutes les pertes non résolues de leur vie; ils n'ont pas encore quitté papa ou maman, leur ourson, leur petit animal, les compagnons d'enfance... Ils entassent en eux les pertes comme les morts dans un charnier encombré.

Toi, tu acquiers un art nouveau, celui de savoir faire ton deuil des anciennes amours. En vivant en profondeur ton deuil actuel, tu apprends à te débarrasser de ce qui est mort en toi pour faire de la place à ce qui est vivant.

La prochaine fois que tu connaîtras une perte, tu sauras ce qui t'arrive, car tu auras été initié. Tu seras sans doute encore surpris de l'impact du choc, de la souffrance, du bouleversement émotionnel, mais tu sauras ce qui t'arrive et comment en guérir.

Tu as réussi cette fois-ci, tu réussiras encore.

À partir de toutes ces « petites morts » que sont les détachements inévitables de la vie, tu te prépares à accepter la Mort avec un grand « M ». Tu sais que la source principale de l'anxiété qui gâte les plaisirs de la vie, c'est la perspective d'avoir à mourir un jour. Par tes deuils, tu apprivoises peu à peu cette anxiété de la mort pour jouir plus pleinement de la vie.

## Récolte ce que tu as semé dans la relation

La souffrance causée par la perte de ton amour s'atténue; pour de longs moments, tu vaques à tes occupations sans même penser à l'être perdu. Il reste que tu n'es pas sans ressentir en toi un grand vide.

Le temps est propice pour combler ce vide de tout ce que tu as appris et reçu au cours de la relation qui vient de se terminer. Car tu ne peux pas avoir vécu intensément avec une autre personne sans avoir appris d'elle.

Fais le bilan des qualités qui, chez l'autre, t'ont attiré; ces qualités que tu cherchais plus ou moins consciemment, tu les possédais en toi-même à l'état de désir sans pouvoir les développer. Après le départ de la personne aimée, ces qualités t'appartiennent. Quelles sont-elles?

Une certaine douceur
Une façon de s'affirmer
L'amour de la musique, d'un auteur
Une nouvelle manière de prendre soin de soi
Une façon d'envisager la vie
Un sport, une nouvelle habileté,
un nouveau centre d'intérêt...

À cause de ta proximité avec l'être aimé, tu as fait des apprentissages inconscients que tu peux maintenant actualiser.

Le vide de l'absence disparaîtra à mesure que tu entreras en possession de ton héritage. Rappelle-toi que ce que tu as admiré, recherché et aimé dans la relation amoureuse t'appartient dorénavant.

## Mon jardin en terre étrangère

Comme semence jetée au vent fou du printemps,
je laisse s'échapper des élans d'amour et d'espoir.
Comme nature abondante et insouciante,
je plante mon jardin intérieur en terre étrangère.
Au rythme lent de la germination des premières pousses,
je prends conscience de la violence de ma richesse,
moments d'extase, de joie, de découvertes continuelles.
Je touche à la certitude de la vie jaillissante.
Admiration, enthousiasme, étonnement perpétuel!
J'ai la fierté d'un nouveau propriétaire.
Je me déclare possesseur indiscuté de mon jardin,
bien que semeur de rêves sur le terrain d'autrui.

Puis, un jour, mon hôte me rappelle au réel.
Il m'accuse d'avoir occupé un sol qui est le sien.
Il me demande de quitter l'espace fécond.
Mon jardin poussait sur une terre inhospitalière.
Je veux alors tout quitter sans regarder en arrière.
Je cache ma douleur sous le masque
durci au froid de l'orgueil.
Je désire éliminer toute trace pénible
de mes jours fleuris,
faire disparaître ma flore intime
comme excroissance malvenue.

*Mais avec l'humilité du roi devenu mendiant,*
*je décide avant de partir*
*d'apporter la récolte de mon jardin.*
*Je cueille, je récolte, j'arrache légumes, fleurs, fruits.*
*À mon hôte désintéressé, je n'ai rien laissé.*

## Françoise fait le rituel de son héritage

Françoise, une jeune célibataire, demande à me rencontrer en thérapie, car elle vit un amour impossible. Elle est follement amoureuse de son patron, Claude, marié et père de trois enfants. Celui-ci répond à cet amour et parle de divorcer de sa femme. Françoise ne sait plus quoi faire : elle est déchirée entre son amour et son sentiment de culpabilité à l'idée de briser un foyer.

Françoise vit mal sa situation amoureuse; elle se déprime au point d'avoir à demander un congé de travail. Après beaucoup d'hésitations, elle décide de mettre fin à sa relation avec Claude qui accepte lui aussi de se séparer d'elle.

La brisure avec Claude est très douloureuse. Durant neuf mois, Françoise passe par toutes les vicissitudes du deuil. Malgré les demandes de Claude qui veut la revoir, elle maintient sa décision et laisse guérir sa grande déchirure. Je l'accompagne dans son travail de deuil et je suis témoin de son évolution.

Je lui conseille alors de vivre l'étape de l'échange de pardons où Françoise se pardonne et pardonne à Claude. Puis je lui propose d'entrer en possession de son héritage, invitation qu'elle accepte avec joie.

Je lui demande de me dire ce qui l'a le plus attirée chez Claude. Elle décrit celui-ci comme un être sympathique, intelligent, généreux et qui a un grand sens de l'humour. Je l'invite alors, au cours des deux semaines suivantes, à traduire ces qualités à l'aide d'objets-symboles. Elle les apportera pour le rituel de l'héritage qui se déroulera en présence de quelques amis intimes.

Le jour du rituel venu, j'explique le sens du rituel afin que les participants se joignent à la démarche de Françoise. Je demande alors à Françoise de nous présenter son amour à l'aide des objets-symboles qu'elle a choisis. Une fois la présentation de ces symboles accomplie, je l'invite à s'avancer vers la table où sont placés les symboles et à en choisir un en disant la phrase suivante : « Claude, la sympathie que je t'ai prêtée pendant deux ans et que tu as enrichie de la tienne, maintenant que nous nous sommes séparés, j'en reprends possession. » Elle fait la même démarche pour chacun des autres objets-symboles qui représentent l'intelligence, la générosité et le sens de l'humour.

Entre la prise de possession de chacun des symboles, nous prenons un temps de silence pour permettre à Françoise d'intégrer en elle chacune des qualités reçues en héritage. Je l'encourage à faire de la place en elle à la qualité récupérée. À la détente physique et au léger changement de couleur de son visage, je vois la transformation subtile qui s'opère chez Françoise. Et la même magie se reproduit chaque fois qu'elle s'approprie une qualité. À la fin du rituel, nous prononçons des paroles d'action de grâce et je déclare solennellement le deuil fini. Françoise est radieuse et se sent pleine d'une énergie nouvelle.

Quelques semaines plus tard, Claude ne tient pas sa promesse de ne plus revoir Françoise. Il s'arrange pour la rencontrer et lui dire combien il l'aime et à quel point il veut renouer avec elle. Celle-ci, bien qu'ébranlée par l'ardeur de Claude, lui dit : « Moi aussi, je t'aime et je t'aimerai toujours, mais il y a quelque chose de changé en moi; mon amour n'est plus le même. » Sur ces mots, elle lui donne une bise et le quitte.

## Déroulement du rituel de l'héritage

L'entrée en possession de son héritage se présente comme une étape du deuil. À l'expérience, j'ai trouvé que bâtir un rituel facilite l'héritage psychologique et spirituel. Voici les conditions nécessaires à l'opportunité de ce rituel et à son déroulement.

*Conditions pour réclamer son héritage*

D'abord, il est important d'avoir laissé partir la personne de sa vie et de lui avoir pardonné son départ et les fautes qu'elle a pu commettre envers soi. L'accomplissement prématuré du rituel ne produira pas les fruits escomptés.

Plusieurs demandent s'ils peuvent accomplir seul le rituel. J'en doute, car la mise en place d'un rituel demande la présence d'au moins une autre personne, celle de l'animateur. Par ailleurs, plus il y aura de témoins authentiques, plus le rituel deviendra un événement fort et engageant pour l'héritier.

Pour que le rituel de l'héritage produise tout son effet, il doit y avoir engagement total de la personne, tant de son corps et de son âme que de son conscient et de son inconscient. Il est donc important qu'il y ait une démarche physique dans un décor qui touche les sens (musique, fleurs, chandelles).

*Déroulement du rituel*

1– Quelques semaines avant le rituel, on demande au futur héritier d'identifier les qualités de la personne qui l'a attiré. Puis, on l'invite à choisir des objets-symboles qui représenteront ces mêmes qualités. On évitera les photos qui rappellent trop l'absent.

2– On détermine la date et le lieu pour le rituel, lieu qu'on aura pris soin de décorer. On prévoit inviter des participants, surtout des proches qui connaissent la situation du futur héritier et qui sympathisent avec lui.

3– Le jour de la cérémonie, après une présentation du sens du rituel, l'animateur invite l'héritier à déposer les objets-symboles sur une table placée à cet effet et à exprimer ce que ces objets signifient pour lui.

4– Après la présentation des symboles, l'animateur invite l'héritier qui est venu s'asseoir près de lui à se lever et à reprendre possession officiellement d'une qualité (ici nous prenons comme exemple la générosité) en prononçant les paroles suivantes : « La générosité (la qualité recherchée) que je t'ai prêtée pendant... (la durée des amours) et que tu as enrichie de ta propre générosité, maintenant que tu es parti, je la reprends pour moi. »

5– Après avoir repris possession de cette qualité, l'héritier va s'asseoir. L'animateur l'invite à laisser la qualité pénétrer en lui en disant : « Laisse s'intégrer à ta personne la générosité; ressens en toi les effets de cette générosité, entends-les en toi et vois-toi habité par cette générosité. » Ici, il y a une période d'incubation de la qualité pouvant durer entre dix à vingt minutes.

6– On reprend la même démarche avec chacun des autres symboles.

7– Une fois la prise de possession terminée, les participants se placent autour des symboles. Selon les groupes, certains participants expriment leurs sentiments par un chant d'action de grâce; d'autres expriment à l'héritier leurs impressions et leurs félicitations.

8– En terminant, l'animateur déclare la fin officielle du deuil.

## Tu seras habité d'une présence nouvelle

Aussi longtemps que l'on recherche la présence extérieure de la personne disparue, c'est un signe qu'on ne l'a pas encore quittée. Si l'on devient triste à la seule pensée de l'absent, c'est qu'on n'est pas encore guéri.

Cette tristesse ne se présente pas chez ceux et celles qui ont fait leur héritage. Le poids de la peine et de la tristesse fait place à une légèreté de tout leur être. Ils en parlent comme d'un accouchement ou encore comme d'une libération. Au souvenir de la personne perdue, au lieu de ressentir un manque, ils vivent un plein d'amour. Ils ne perçoivent plus l'être aimé comme extérieur à eux-mêmes, mais bien comme une douce présence.

Si tu poursuis ton deuil jusqu'à la prise de possession de l'héritage, tu seras habité d'une nouvelle présence, reconnaissable à la joie, à la paix et à la liberté qu'elle suscite en toi.

## Paroles d'une jeune épouse à son mari décédé

*Et voilà, tu es parti!*
*Tu m'avais promis, en paroles et sans paroles,*
*que tu m'aimerais toujours,*
*que tu serais mon éternel compagnon,*
*que tu me protégerais,*
*que tu partagerais ma joie et ma peine.*

*Et voilà, tu es parti!*
*J'ai apprécié nos longs moments de partage.*
*Mais à l'avenir,*
*combien d'échanges irréalisables,*
*combien de sentiments non dits,*
*combien de projets impossibles.*

*Et voilà, tu es parti!*
*Lentement, je dois*
*te laisser aller,*
*te pardonner de m'avoir quitté,*
*changer le sentier de nos amours,*
*me faire pardonner de toi,*
*te survivre.*

*Et voilà, tu es parti!*
*Un jour, je cesserai de mourir avec toi.*
*Ton souvenir deviendra aussi léger qu'un sourire.*
*Une nouvelle présence de toi m'habitera.*
*Tout ce que j'ai aimé en toi germera en moi.*
*Et je renaîtrai alors de toi.*

## Une maman comblée par la présence
## de son enfant décédé

Au cours d'une session de groupe, une femme a réussi à dire un adieu définitif à son bébé mort depuis quatre ans.

Une semaine plus tard, elle me raconta qu'une nuit elle avait éprouvé quelque chose de spécial. Elle se réveilla et, au lieu de revivre des angoisses comme à l'habitude, elle s'était sentie toute différente. Voici comment elle décrit son état d'âme :

« J'avais le cœur pénétré d'aiguilles, mais qui ne me faisaient plus mal. Au début, je ne comprenais pas ce qui se passait, puis j'ai compris... Je me pardonnais d'avoir perdu mon enfant. Je me suis mise à prier. Je me suis sentie envahie par la présence de Dieu comme au moment de ma première communion.

« Quelque chose de grand se passait en moi. Je me suis sentie belle et comblée, comme si je venais de donner naissance. »

## Jamais je n'aurais pensé te dire merci

*Parce que je t'ai aimée,*
*je ne suis plus le même.*
*Finie la colère vécue*
*à la suite de la séparation.*
*Finie la honte d'avoir été trahi.*
*Finie la tristesse.*

*Je me sens prêt à te remercier*
> *pour l'affection*
> *pour toutes les attentions*
> *pour le soutien moral*
> *pour les échanges intimes*
> *pour les espoirs échangés*
> *pour les projets*
> *pour la stimulation intellectuelle*
> *pour tout ce que j'oublie*
> *pour tous les cadeaux*
> *reçus sans en être conscient.*

*Merci de m'avoir permis de retrouver en toi*
*ma « femme intérieure ».*
*Merci de m'avoir permis de connaître davantage*
*mon « anima ».*
*Merci de la séparation qui m'a permis*
*de L'accueillir en moi.*

**Félicitations**

Tu as réussi à survivre à ton deuil.

Toi qui as persévéré dans la résolution de ton deuil, tu mérites des félicitations

> *pour t'être remis en question*
> *pour avoir accepté de faire un retour sur toi*
> *pour avoir révisé ta manière d'aimer*
> *pour avoir découvert ta force intérieure*
> *pour avoir fait de ta souffrance*
>     *une source de maturité*
> *pour mieux compatir à la souffrance des autres*
> *pour l'exploration de nouveaux horizons*
>     *dans ta vie*
> *pour avoir redécouvert tes vrais amis*
> *pour avoir acquis une nouvelle sensibilité*
> *pour être prêt à faire face aux futures pertes*
> *pour vouloir aimer encore*
> *pour t'être laissé initier à une nouvelle sagesse*
> *pour savoir que*
>     *« l'amour est plus fort que la mort ».*

Félicitations!

## Une dernière question :
## la réconciliation est-elle possible?

Pouvoir en venir à la réconciliation avec la personne que l'on a quitté ou qui a quitté, ce serait le signe de la résolution complète d'un deuil.

Je connais quelques couples qui, après avoir fait le deuil de leur relation, ont réussi à créer une autre forme de relation.

André et Yvette n'ont pas renoncé à leur rôle de parents. Aussi aiment-ils bien se rencontrer pour parler de l'éducation de leurs enfants.

Paul et Jeannette, à l'occasion, passent une soirée ensemble pour parler de sujets d'intérêt commun.

Jacques consulte encore son ex-épouse Louise qui l'aide volontiers à faire son budget.

À mon avis, une réconciliation qui ne consisterait pas à « revenir comme avant » demeure toujours possible à certaines conditions :

1– Avoir fait son deuil complet de la relation antérieure, sinon la tentation de retomber dans les vieilles habitudes demeure toujours présente.

2– Les deux anciens « amants » doivent avoir profité de leur séparation pour avoir grandi et être sûrs de leur autonomie.

3– Ils doivent être assez forts pour bâtir une nouvelle relation basée sur l'admiration mutuelle et l'amitié.

Trop peu de couples atteignent cette situation idéale. Un grand nombre de personnes séparées/divorcées continuent à s'en vouloir durant de nombreuses années. Faudrait-il inventer des groupes pour leur apprendre à se réconcilier et à devenir amis?

# maison
## Monbourque**ẗte**

Organisme à but non
lucratif fondé en 2004, la
Maison Monbourquette
offre gratuitement des
ressources et du soutien
aux personnes vivant un
deuil suite au décès d'un
être cher. Tous nos
services sont offerts dans
nos locaux de Montréal.

*« C'est en racontant
l'histoire de son deuil
qu'on fait son deuil. »*
Jean Monbourquette

**Le deuil : en parler pour mieux le vivre**

. . . . . . . . . . . . . . . . . . . . . . . . . . . . . . . .

RENCONTRES INDIVIDUELLES OU FAMILIALES
GROUPES DE SOUTIEN
MUSICOTHÉRAPIE
LIBRAIRIE

LIGNE D'ÉCOUTE **1888 LE DEUIL**
(1 888 533 3845 )

185, avenue Bloomfield
Montréal (Québec) H2V 3R5
T 514 523-3596
F 514 787-0063

infos@maisonmonbourquette.com
maisonmonbourquette.com

**MARQUIS**

Québec, Canada

RECYCLÉ
Papier fait à partir
de matériaux recyclés

FSC® C103567

Imprimé sur du papier Enviro 100% postconsommation
traité sans chlore, accrédité ÉcoLogo et fait à partir de biogaz.